Das Spreewald Kochbuch

– Zwischen Gurken, Tracht und Tradition –

Peter Franke, Peter Becker

ISBN 978-3-86037-391-0

1. Auflage

Herausgeber:
©2009 Edition Limosa, Agrimedia GmbH
Lüchower Str. 13a, 29459 Clenze
Telefon (0 58 44) 97 11 63-0
Telefax (0 58 44) 97 11 63-9
mail@limosa.de, www.limosa.de

Redaktion:
Peter Franke, Peter Becker

Fotos:
S. 3: Edition Limosa; S. 6: Profi-Foto-Kliche;
S. 56, 57: Archiv Foto-Steffen, Burg; S. 80: Wendisches Museum Cottbus;
S. 81 (2): Radduscher Chronik (Manfred Kliche);
alle übrigen Bilder: Peter Becker

Lektorat:
Doreen Rinke

Satz und Layout:
Zdenko Baticeli

Korrektorat:
Karin Monneweg

Unter Mitarbeit von:
Lena Hermann, Christin Stade, Helge Putzier,
Martina Bergmann, Oliver Nowak

Medienberatung:
Harald Schulz

Gedruckt in Deutschland.

Peter Franke, Peter Becker

DAS SPREEWALD KOCHBUCH

Zwischen Gurken, Tracht und Tradition

Die Autoren

Peter Franke (Jahrgang 1954) ist gebürtiger Thüringer und hat in Sachsen das Kochen gelernt. Sein Berufsweg war gezeichnet von immer mehr Verantwortung in immer größeren Küchen und auch Betrieben. Zuletzt arbeitete er in der Chefetage der DDR-Interhotelkette. Mit seiner Frau Antje Schlodder-Franke führt er in Werben den Spreewälder Landgasthof »Zum Stern«. Die regionalen Rezepte variiert er gern mit Elementen anderer Küchen und stellt diese bei öffentlichen Kochwettbewerben oder Großveranstaltungen vor.

Peter Franke bringt seine Erfahrungen aus dem elterlichen Hausgarten und der traditionellen Spreewaldküche in neue Projekte ein. Mit der Kräutermanufaktur Burg hat er nun eine Mitmach-Küche geschaffen, in der die Gäste ihr Wissen über heimische Kräuter festigen und deren Verarbeitung erlernen können.

Peter Becker (Jahrgang 1948) stammt aus der sächsischen Oberlausitz und wuchs in dem kleinen abgeschieden Walddorf Trebus auf. Die ihn umgebende Natur, die Tiere im großelterlichen Landwirtschaftsbetrieb und der Wechsel der Jahreszeiten faszinierten ihn und prägten seine Einstellung zur Umwelt. Der Lehrer ist seit vielen Jahrzehnten Hobbyfotograf und häufig im Spreewald unterwegs, in dem er nun schon seit 30 Jahren lebt. Ihn interessiert das Leben im Biosphärenreservat, die Geschichte der Menschen dort und deren Traditionen. Oft ist er mit dem Notizblock und Fotoapparat unterwegs und schreibt für die Regionalzeitung Erlebnisse auf und hält wichtige Momente fest oder zeigt Reisegruppen die Einmaligkeit des Spreewaldes.

In Burg

Vorwort

Wie haben wir uns gefunden? Der Koch und der Knipser, der Geschichtenschreiber? Es war mal wieder ein Bericht für die heimatliche Zeitung fällig, ein Spreewaldkoch sollte es diesmal sein, der einem breiteren Leserkreis vorgestellt werden sollte. Wer ist das eigentlich, dieser Franke, der immer und überall präsent ist und öffentlich kocht? Leicht brummig, weil der Zeitungsschreiberling ihm die kostbare Zeit stehlen wollte, stellte sich Peter Franke zur Verfügung. Aber schon nach wenigen Sätzen erkannte er die Möglichkeit, diesen Schreiber, den Hobby-Reporter Peter Becker vor seinen eigenen Karren zu spannen. Der Auftrag, ein Spreewaldkochbuch zu schreiben, lag ihm schon länger vor. Was er schon hatte, waren interessante und oft alte Rezepte der traditionellen Küche, was ihm fehlte, war jemand für die Geschichten drumherum, einer der auch halbwegs fotografieren kann.
Beide sahen es sofort als glückliche Fügung, nun gemeinsam am Buch zu arbeiten – hier hatten sich zwei gefunden, die sofort Feuer und Flamme waren. Jedes Rezept wurde noch genauer erfasst und hinterfragt. Peter Becker sah den Spreewald nun mit anderen Augen, sah die Menschen und ihre Geschichten, sah aber auch die Schönheit der Landschaft und die Schönheit des Details. Alles zusammen ergab ein – wie wir finden – unterhaltsames Buch.
Wir danken den vielen Rezepteinsendern, wir danken auch für die Bereitschaft zur Mitwirkung an diesem Buch, sei es durch Berichte und Erzählungen oder durch das Heraussuchen alter, oft sehr privater Fotos. Ein besonderer Dank geht an Werner Meschkank vom Wendischen Museum in Cottbus, der ein Experte der sorbisch/wendischen Geschichte des Spreewaldes ist. Wir beide hoffen nun, dass der Leser unser Buch ebenso so interessant finden wird wie wir und wünschen ihm beim (Nach-)Kochen viel Erfolg.
Freuen würden wir uns, wenn dem einen oder anderen die vielen Fotos einen kleinen Einblick in die Schönheit der Landschaft geben würden und er sich deshalb auf dem Weg zu uns in den Spreewald machen würde.

Peter Franke

Peter Becker

Das Autorenteam

Liebe Freunde der Spreewälder Küche und solche, die es werden wollen

Die Spreewälder Küche gehört ganz sicher nicht zur höheren europäischen Kochkunst. Dafür waren die Gegend und ihre Menschen in den vergangenen Jahrhunderten zu arm. Gegessen wurde einfach. Was das Land um Haus und Hof hergab, was sich in der Spree und in den Seen fangen ließ, kam auf den Tisch. Es war die Küche der armen Leute, aber gesund war sie. Wer kennt nicht den Spruch »Kartoffeln, Leinöl und Quark machen den Lausitzer stark«? Nun liegt vor Ihnen ein Kochbuch, das auf den Traditionen der Spreewälder Küche aufbaut, die geprägt war vom Sorbisch/Wendischen. Dieses kleine slawische Volk ist seit Jahrhunderten auch im Spreewald zu Hause. Die Grundlage der Spreewälder Küche sind die Produkte einheimischer Felder, Gärten und Flussläufe. Verfeinert aber wurden die Rezepte durch die Experimentierfreudigkeit eines Spreewälder Kochs, Peter Franke vom »Hotel zum Stern« Werben, eigentlich waschechter Thüringer, aber durch die Liebe zu Frau und Spreewälder Küche ist er zum Lausitzer gewandelt. Eigentlich schade, dass seine Originalität und sein sprühender Einfallsreichtum sich in Buchform schlecht darstellen lassen, allein das ist eine kulinarische Reise in den Spreewald wert. Mit diesem Buch nehmen Sie ein Stück unseres wunderschönen Landstriches mit nach Hause und wenn Ihnen die Gerichte dann auch noch gelingen, werden Sie wiederkommen, der Sehnsucht wegen, nach Spreewälder Fließen und guter Küche.
Guten Appetit und auf Wiedersehen im Spreewald. Auf sorbisch/wendisch sagt man: »Dajśo se zesłożeś !« und »Na zasejwiźenje we Błotach!«

Ihr Dieter Friese
Landrat

Landrat Dieter Friese

Ein Dankeschön an die Spreewälder

Allen Personen, die mit persönlichen Rezepten, Ideen und zahlreichen Anregungen dieses Buch bereichert haben, gilt unser besonderer Dank:

- Anita Berg, Golßen
- Annelies Kujau, Lübbenau
- Annett Metelka, Luckau
- Bernd Schmidtchen, Cottbus
- Brigitte Koalick, Werben
- Brigitte Schammel, Jänschwalde
- Charlotte Rissel, Cottbus
- Christine Kohlstock, Vetschau
- Christoph Schilka, Guhrow
- Doris Schmidt , Cottbus
- Elfriede Ramoth, Werben (†)
- Eva-Maria König, Vetschau
- Eveline Herrmann, Brieske
- Eveline Lange, Spremberg-Terpe
- Familie Adam, Schwarzheide
- Hans-Jürgen Linke, Fürstlich Drehna
- Ina Zimmermann, Cottbus
- Ingrid Maske, Forst
- Irmgard Hoblisch, Cottbus
- Johannes Schilka, Werben
- Jürgen Srayer, Abbendorf
- Lilia Schmidt, Lübben
- Marianne Schlodder, Briesen (†)
- Marion Siegel, Cottbus
- Martha Steffen, Burg
- Reinhard Mich, Klein Radden
- Renate Langner, Cottbus
- Renate Schiemenz, Werben
- Rita Kratzert, Senftenberg
- Ruth Richter, Cottbus
- Siegfried Fabeck, Cottbus
- Siegfried Ramoth, Werben
- Susanne Leber, Byhlegure
- Werner Meschkank, Cottbus
- Wilfried Baronick, Burg

Höckerschwanfamilie bei Raddusch

Geschichten und Erzählungen

Buschmühle Raddusch

Inhaltsverzeichnis

Ferienhaus in Leipe

Der Spreewald

Von Peter Becker

Südlich von Berlin, in der Niederlausitz, befindet sich ein 75 Kilometer langes und 15 Kilometer breites Gebiet, welches von zahlreichen Flussadern und Nebenarmen der Spree durchzogen ist. Es entstand nach der letzten Weichseleiszeit vor etwa 12 000 Jahren. Die abfließenden Schmelzwassermassen schufen ein ebenes Schwemmsandgebiet, in das sich im Laufe der Zeit die Spree immer wieder neue Abflusswege suchte. Diese Kanäle, die der Spreewälder »Fließe« nennt, werden von leichten Erhöhungen begrenzt, den »Kaupen«. Nur hier konnten die Menschen siedeln und einigermaßen sicher vor den jährlichen Hochwassern sein. In diesem urwaldähnlichen Sumpfgebiet rangen die hier lebenden Menschen mühevoll der Natur Böden für den Ackerbau und die Viehzucht ab. So nach und nach entstanden durch Abholzungs- und Entwässerungsmaßnahmen ausgedehnte Weiden und auch einige fruchtbare Ackerflächen, die sich besonders für den Gemüseanbau eigneten. Geradezu sprichwörtlich sind die Spreewälder Gurken, aber auch der Meerrettich findet hier beste Anbaubedingungen. Haupttransportmittel war im gesamten Spreewald der Kahn, noch heute gibt es entlegene Gebiete, in die man nur mit diesem abgeflachten Gefährt aus geteertem Kiefernholz gelangen kann. Zum Antrieb wird eine lange Stange aus Eschenholz benutzt, das Rudel.

Zwischen den natürlichen Wasserarmen schufen die Bewohner im Laufe der Jahrhunderte Querverbindungen, die künstlichen Kanäle. So entstand auf relativ kleinem Raum ein 1575 Kilometer langes Wassernetz, welches heute touristisch genutzt wird. Auf den Spreewaldkähnen werden in der Saison durch speziell ausgebildete Kahnfährleute hunderttausende Gäste durch eine einmalige Landschaft gestakt, wie das Fortbewegen mittels der Rudel-Stange im Spreewald heißt.

Die abgeschiedene und schwer zugängliche Lage des Spreewaldes ließen hier seltene Tier- und Pflanzenarten gedeihen. Weiß- und Schwarzstorch sind hier ebenso zu finden, wie Eisvogel und Singschwan.

In frostigen Wintern holen die Spreewälder ihre Schlittschuhe und Stoßschlitten heraus und bewegen sich auf dem zugefrorenen Wassernetz, das immerhin eine Gesamtlänge von 1575 km auf engstem Raum aufweist.

Im 5. oder 6. Jahrhundert wanderten Slawen in dieses Gebiet ein, die von den Deutschen Wenden genannt wurden. Da sie sich in ihrer Sprache selbst ‚Serby' nennen, hat sich auch der Parallelbegriff Sorben eingebürgert. Erst vor etwa tausend Jahren wurde das wendische Gebiet nach der deutschen Eroberung christianisiert, allerdings konnten im Inneren des Spreewaldes noch sehr lange wendische Traditionen und insbesondere die Sprache erhalten bleiben. Heute sind viele Orts- und Straßenschilder in deutscher und wendischer Sprache beschriftet, amtliche Mitteilungen erfolgen ebenfalls manchmal noch in wendisch, es gibt wendische Zeitungen, sowie Rundfunk- und Fernsehsendungen in dieser Sprache. Heute sieht man bei Volksfesten auch wieder häufiger die farbenfrohe Tracht der Wendinnen, in den Schulen wird fakultativ die wendische Sprache gelehrt. In der Slawenburg Raddusch befinden sich eine Ausstellung zur Besiedlungsgeschichte der Niederlausitz und Fundstücke, die im Rahmen der Tagebau-Vorfelderkundungen geborgen wurden.

Das gesamte Gebiet, das Biosphärenreservat Spreewald, steht seit 1991 unter dem Schutz der UNESCO. In dieser einmaligen Natur- und Kulturlandschaft Brandenburgs ist der Tourismus nach dem starken Rückgang der Kohleförderung in der Lausitz ein entscheidender Wirtschaftsfaktor geworden. Bedeutende Spreewaldorte sind Lübbenau, Lübben, Burg, Leipe, Lehde und Raddusch, hier haben sich zahlreiche touristische Dienstleister etabliert.

Für jeden Spreewaldbesucher ein unbedingtes Muss:
Eine Kahnfahrt auf den zahlreichen Spreewaldfließen.

Kremserpause: Viele Reisegruppen nutzen dieses Transportmittel, um den Spreewald mal landseitig kennen zu lernen. Die Rückfahrt erfolgt dann oft mit dem Kahn.

Scharfe Apfelsuppe

4 Äpfel	schälen, vom Kernhaus befreien, würfeln.
2 rote Paprikaschoten	von Kernen befreien und in Würfel schneiden.
1 Salatgurke	schälen, klein würfeln, mit
1 Knoblauchzehe	zerdrücken, in einem Topf mit
2 EL Butter	andünsten. Alle Zutaten zufügen und andünsten.
¾ l Gemüsebrühe	aufgießen, gut durchkochen und mit dem Mixstab pürieren. Mit
Salz, Pfeffer	
1 TL Zucker	
Paprika (scharf)	abschmecken.
100 ml Sahne	zugießen und alles nochmals aufkochen.
1 Bund Schnittlauch	waschen, klein schneiden und die Suppe damit garnieren.

Spreewaldhaus in Leipe

An der Boblitzer Kahnfahrt

Entenkleinsuppe mit Kohl und Meerrettich

Von Rita Kratzert aus Senftenberg

1 kg Entenklein (Hals, Flügel, Magen, Herz)	putzen, waschen, in einem großen Topf mit
2 l Wasser	ansetzen.
1 Möhre	
¼ Sellerieknolle	
1 Zwiebel	schälen beziehungsweise waschen, schneiden und dazugeben, mit
Salz	
Lorbeerblatt	würzen und weich kochen.
2 EL Öl	in einem Topf erhitzen.
4 Zwiebeln	schälen, würfeln, dazugeben und anschwitzen.
Weißkohl (mittelgroß)	in feine Streifen schneiden, dazugeben, mit
1 EL Zucker	im eigenen Saft dünsten. Mit
3 EL Mehl	bestäuben, braun rösten und mit durchgeseihter Entenkleinbrühe auffüllen. Gut durchziehen lassen, mit
Essig	
Salz, Pfeffer	abschmecken. Das Entenklein und Wurzelwerk dazugeben.
1 Bund Petersilie	waschen, schneiden, mit
4 EL Meerrettich	in die Suppe geben und sehr heiß servieren.

Bischdorfer See bei Raddusch

Wasserlilie am Südumfluter bei Raddusch

Spreewälder Biersuppe

300 g Roggenbrot	klein schneiden, in etwas
Wasser	weich kochen, durch ein Sieb streichen und in einen Topf geben.
4 Äpfel	schälen, entkernen und in Scheiben schneiden, dazugeben, mit
1 l Bier (dunkel, obergärig)	auffüllen.
2 Stangen Zimt	
50 g Zucker, 1 Msp. Salz	
200 g Rosinen	dazugeben, alles etwa 15 Minuten erhitzen, aber nicht kochen lassen.
2 Eier	trennen, die Eigelbe mit einigen Löffeln Suppe in einer Tasse verquirlen und unter die Suppe geben. Das Eiklar mit
200 g Zucker	sehr steif schlagen. Mit einem Teelöffel kleine Häufchen auf die angerichtete Suppe setzen und ziehen lassen.

Hirschrudel auf dem Leiper Südpolder

Paddlerstau vor der Leiper Spreeschleuse

Spremberger Brotsuppe

Von Eveline Lange aus Spremberg-Terpe

1 Stange Porree	die Wurzel abschneiden, Stiele längs teilen, unter fließendem Wasser abspülen.
2 Zwiebeln	schälen und in Würfel schneiden.
1 Möhre	putzen und in Scheiben schneiden.
½ Sellerieknolle	putzen und in Würfel schneiden. Alles in einem großen Topf mit
30 g Schmalz (Rezept S. 151)	anbraten und mit
1¼ l Brühe	auffüllen.
125 g Leberwurst	dazugeben und durchkochen. Mit
Salz, Kümmel	
Knoblauch, Majoran	abschmecken. Zum Binden
350 g altbackenes Brot	klein würfeln, zugeben.
1 Bund Petersilie	waschen, klein schneiden und darüber streuen.

Spreewaldhof in Lehde

Soljanka mit Sahnehäubchen

2 EL Rapsöl	in einem Topf erhitzen.
400 g Wurstabschnitte	in Streifen schneiden, dazugeben und umrühren.
3 Zwiebeln	schälen, in Würfel schneiden, dazugeben und glasig dünsten.
100 g Gewürzgurke	in Streifen schneiden und dazugeben.
100 g frisches Sauerkraut	fein schneiden und dazugeben.
400 g Letscho	dazugeben, einreduzieren lassen, mit etwas
Rinderbrühe	auffüllen und mit
Salz, Pfeffer	
Knoblauchsalz	abschmecken.
1 EL Gemüsemeerrettich	darunter ziehen.
1 Bund Petersilie	klein hacken.
4 EL Sauerrahm	auf die angerichteten Suppenteller geben und mit der Petersilie bestreuen.

Trachtenumzug in Lübbenau

Kohlrübeneintopf mit Kasselerrippchen

400 g Kasselerrippchen	in einem großen Topf kochen, herausnehmen, auslösen und die Brühe passieren.
1,2 kg Kohlrüben	waschen, schälen und in kleine Stifte schneiden.
400 g Kartoffeln	waschen, schälen und in Würfel schneiden. Zusammen mit Kasseler und Kohlrüben in die Brühe geben. Mit
1 TL Kümmel	
Salz, Pfeffer	abschmecken und köcheln lassen.
80 g Speck (mager)	in Würfel schneiden, in einer Pfanne auslassen.
1 Zwiebel	schälen, würfeln, im Speck goldgelb anbraten, zum Eintopf geben.
1 Bund Petersilie	waschen, klein schneiden und über den Eintopf streuen.

Grüner Bohneneintopf

Von Elfriede Ramoth aus Werben

300 g Kasselerkamm	und
500 g Knochen	in einem Topf mit
2 l Wasser	kochen.
1 Bund Suppengrün	putzen, schneiden und dazugeben.
Bohnenkraut (frisch)	zugeben, etwa 2 bis 3 Stunden kochen. Inzwischen
500 g Kartoffeln	schälen und in Würfel schneiden. Kasselerkamm aus der Brühe nehmen, in kleine Würfel schneiden und Brühe durchseihen und weiter köcheln lassen. Mit
Salz, Pfeffer	
Bohnenkraut	abschmecken.

Nach Wunsch mit Zucker und Essig abschmecken.

In Werben

Müllerskinder –
Kindheit in der Radduscher Buschmühle

Von Peter Becker

»Am liebsten fingen wir Krebse, denn davon gab es damals sehr viele«, Ilse Nousch kommt ins Schwärmen, wenn sie von ihrer unbeschwerten Kindheit in der Radduscher Buschmühle berichtet. »Gemeinsam mit meiner zwei Jahre jüngeren Schwester ließen wir an der damals nagelneuen Schleuse in der Grobla einfach Schnüre herunter, an denen sich die Krebse festhielten, und wer die meisten Krebse gefangen hatte, war Sieger! Mit den Dorfkindern tollten wir auf den Wiesen herum, zogen durch die Büsche oder stakten mit dem Kahn durch den Spreewald. An den langen Winterabenden wurde bei Petroleumlicht viel erzählt, gebastelt, gespielt und gesungen; das elektrische Licht kam ja erst 1955, aber da war ich schon außer Haus verheiratet.«

Vater Rudolf Heinze (Jahrgang 1894) hatte die Mühle 1935 von seinem Vater Ludwig übernommen, der sie wiederum 1894 vom Müller Stoyan erwarb, weil der entnervt aufgeben hatte: Der wohl Abergläubige hielt das angebliche nächtliche Spuken in der Mühle nicht mehr aus und suchte schleunigst einen Käufer und fand ihn in Ludwig Heinze. Der vernahm aber auch bald die nächtlichen Geräusche und, weniger an Übersinnliches glaubend, legte er sich mutig auf die Lauer. So konnte er bald eines Nachts den etwas einfältigen Knecht eines Radduscher Bauern überwältigen. Der von Heinze zur Rede gestellte Bauer gab nach einigem Zögern an, dass man sich im Dorf einig war, dem Nicht-Radduscher Stoyan und nun eben auch dem gebürtigen Schlesier Heinze das Leben in der Mühle schwer zu machen – man mochte damals Fremde nicht!

Die Mühle wurde als Kundenmüllerei betrieben, die Bauern brachten das Korn und warteten auf das geschrotete Getreide oder Mehl. Bezahlt wurde das Mahlen früher mit der »Metze«, dem Sechzehntel des gemahlenen Mehls. Da der Müller Schankrecht besaß, dürfte die Wartezeit nicht allzu lang geworden sein, denn

Zur Radduscher Buschmühle – 1,5 Kilometer

bis 1944 durften Branntwein, Bier sowie Kuchen und kleinere Speisen verkauft werden. Beide Müller-Mädchen halfen gelegentlich beim Ausschank.

Der einzige Bruder der beiden kam eineinhalbjährig tragisch ums Leben, er fiel in die Grobla und ertrank – ein furchtbarer Schicksalsschlag, besonders für den Großvater, der den Jungen beaufsichtigen sollte. Ilse und ihre Schwester Hanni besuchten in Raddusch die Dorfschule, sommers wie winters legten sie die zwei Kilometer zu Fuß zurück. Im Frühjahr 1945 wurde die damals elfjährige Ilse auf dem Weg von einem sowjetischen Jagdflieger mehrmals tief angeflogen, allerdings nicht beschossen. Das war ihr erster und zugleich schrecklichster Kontakt mit dem Krieg, der nun auch nach Raddusch kam. Sie nahm auch die vielen hundert Flüchtlinge wahr, die sich bald rings um die Mühle niederließen; etwas Furchtbares muss geschehen sein, auch Tante und Onkel aus Frankfurt/Main

Die reich blühende Magnolie überdeckt den Verfall. Im Hintergrund die alte Schleusenanlage, die heute gesperrt ist.

Mittelaltermarkt in der Slawenburg Raddusch

wohnten wegen der Bombengefahr in ihrer Heimatstadt nun mit in der Mühle. Voller Angst nahm die Familie am 19. April 1945, der Vater war noch irgendwo an der Front, eines Nachts einen sowjetischen Offizier als »Quartiergast« für eine Woche auf. Groß muss das Erstaunen und die Erleichterung gewesen sein, als dieser sich deutsch sprechend vorstellte, den beiden Mädchen las er später stundenlang deutsche Bücher vor – der Krieg hatte für die Kinder, so schnell er kam, auch wieder ebenso schnell einen Teil seines Schreckens verloren. »Das war ein ganz netter Mensch, wir Kinder mochten ihn sehr!«

Die Mühle hatte seit ihrer Entstehung 1777 eine wechselvolle Geschichte, sie wurde mehrfach umgebaut, zuletzt in den 1930er Jahren, als der Mahlbetrieb von Wasserkraft auf die moderne Dieselkraft umgestellt wurde. Ein starker Deutz-Dieselmotor trieb von nun an das Mahlwerk an, später kamen noch Elektromotoren hinzu. Der Reichsarbeitsdienst hatte 1935 einen Weg vom Dorf zur Mühle angelegt und Heinzes ließen auf ihre Kosten eine hölzerne Zugbrücke über die Grobla errichten. Die Radduscher Bauern nutzten natürlich gern diese neue Möglichkeit, um auf ihre Wiesen hinter der Buschmühle zu kommen. Bisher war das nur umständlich mit dem Kahn möglich, nun konnten die schwer beladenen Ochsen- und Pferdegespanne die Ernte nach Hause bringen. Allerdings führte der Weg über die Brücke direkt an der Haustür der Müllers-Familie vorbei, mit allem Lärm und tierischen Hinterlassenschaften; auch die einfache Holzkonstruktion litt bald unter der starken Belastung. Der Ärger des Müllers über die oft rücksichtslosen Bauern war groß, so groß, dass sogar der Gemeindevorstand ein Einsehen hatte und eine neue Brücke, nun 50 Meter stromaufwärts, errichten ließ. Wegen der Kriegs- und Nachkriegswirren konnte dieser Plan aber erst um 1955 umgesetzt werden.

In der Mühle fand der Mahlbetrieb noch bis 1952 statt, für den Eigenbedarf sogar noch bis 1999. Das Gebäude wurde 1977 endgültig vom Vater verlassen, dessen Frau schon 1972 verstarb, er fand nun Quartier bei seiner Radduscher Tochter. Die Mühle war fortan dem Verfall preisgegeben. Die vor über hundert Jahren am Ufer der Grobla gepflanzte Magnolie, die in jedem Frühjahr immer schöner blüht, scheint einen Ausgleich zum unaufhaltsamen Zerfall bilden zu wollen. Mit ihrer Pracht überdeckt sie zunehmend mehr das Vergängliche und Vergangene, so als wollte sie vom Niedergang auf schaurig-schöne Weise ablenken.

Heimatstube in Raddusch

Ofensuppe (für bis zu 10 Personen)

Von Lilia Schmidt aus Lübben

1½ kg Schnitzelfleisch	würfeln, mit
Salz, Pfeffer	
Fleischbrühe	würzen.
6 mittelgroße Zwiebeln	schälen, würfeln. Die Zutaten in eine große Pfanne geben.
2 Gläser Champignons (530 g Abtropfgewicht)	mit der Flüssigkeit dazugeben.
2 Gläser Tomatenpaprika (je 165 g)	ohne Flüssigkeit zugeben.
500 g Tiefkühlerbsen	untermischen. Zum Schluss
2 Gläser Chilisoße (je 320 g)	
1 l Schlagsahne	
½ Flasche Curryketchup (225 g)	
1 Dose Ananas (490 g)	ohne Saft beimischen.
¾ l Wasser	auffüllen, etwas umrühren, Deckel darauf und für etwa 90 Minuten in den Backofen (180 °C Umluft). Zwischendurch umrühren und gegebenenfalls mit etwas Wasser verdünnen.

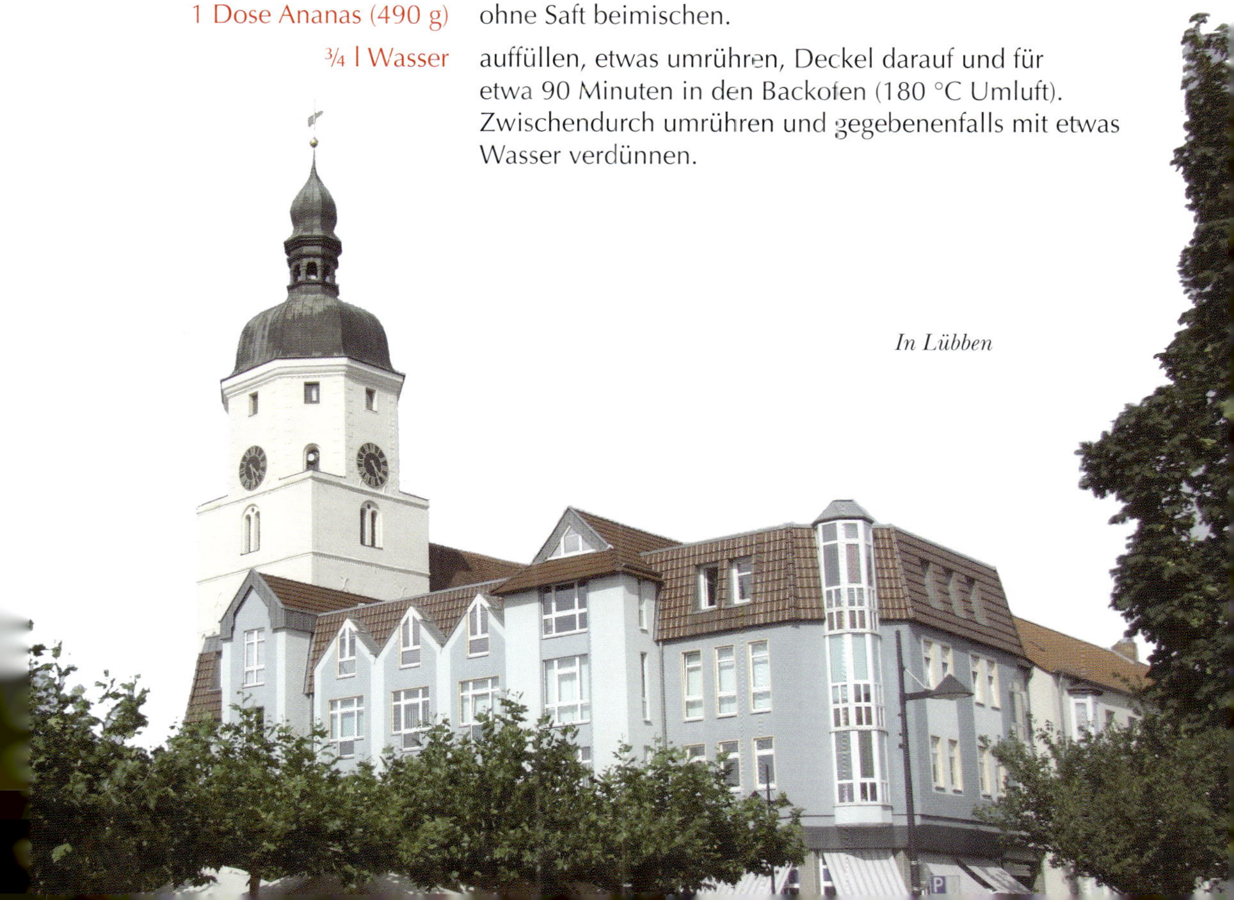

In Lübben

Hühnersuppe mit sauren Gurken

Von Rita Kratzert aus Senftenberg

½ Sellerieknolle	
2 Möhren	
2 Stangen Porree	putzen, schneiden und die Hälfte davon mit
1 Suppenhuhn	in
2 l Wasser	ansetzen. Mit
Salz, 4 Pfefferkörner	
Lorbeerblatt	würzen und kochen. Anschließend das gare Fleisch von den Knochen lösen und in kleine Stücke schneiden. Etwas Brühfett aus der Suppe schöpfen und das restliche Wurzelwerk darin andünsten.
4 saure Gurken	in Streifen schneiden, kurz mitdünsten. Alles mit
2 EL Mehl	bestäuben und mit
⅛ l Gurkenlake	auffüllen.
Geflügelbrühe	durchseihen, zugeben und zu einer sämigen Suppe kochen. Zum Schluss die
⅛ l saure Sahne	und das Hühnerfleisch dazugeben.
Je ½ Bund Dill, Petersilie	waschen, schneiden und zum Garnieren verwenden.

In Lehde

Kälber auf einer Koppel bei Raddusch

Hagebuttensuppe

Von Ingrid Maske aus Forst

1 kg Hagebutten (frisch) oder 300 g getrocknet	entstielen, halbieren, entkernen, waschen. In
2 l Wasser	kochen.
1 Zitrone (unbehandelt)	Schalenabrieb und
1 Zimtstange	zugeben. Alles schön weich kochen, durch ein Sieb gießen, nochmals aufkochen und mit
100 g Zucker	
200 ml Weißwein	verfeinern.
100 g Kartoffelmehl	glatt rühren und die Suppe andicken.
4 Stück Zwieback	anrösten, auf Teller geben und mit Suppe auffüllen.

Knoblauchcremesuppe

Von Ingrid Maske aus Forst

6 Knoblauchzehen	schälen, in
60 g Öl	anschwitzen, herausnehmen und in
1 l Fleischbrühe	geben.
2 Brötchen	würfeln, im verbliebenen Öl rösten und
1 TL Paprika	dazugeben, kurz durchschwitzen und in die heiße Fleischbrühe geben. Mit
Salz, Pfeffer	abschmecken und kurz durchkochen.
1 Ei	mit
80 g Kaffeesahne	verquirlen und Suppe damit binden.
1 Bund Petersilie	waschen, schneiden und die Suppe damit bestreuen.

Der Frühling kommt nach Leipe.

Gelbe Erbsensuppe

Von Siegfried Fabeck aus Cottbus

250 g gelbe Erbsen	waschen und über Nacht in
Wasser (kalt)	einweichen. Am nächsten Morgen im Einweichwasser erhitzen.
1 Möhre	putzen, schneiden, zugeben, ebenfalls weich kochen.
1 Zwiebel	schälen und mit
Schweineohr, Schnauze, Schwänzchen	in etwas
Wasser	garen. Das Fleisch entnehmen, in feine Streifen schneiden. Erbsen durch ein feines Sieb streichen, mit der heißen Fleischbrühe auffüllen. Mit
Majoran	
Salz, Pfeffer	würzen, nochmals aufkochen, Fleisch zugeben.

In Burg

In Lübbenau

Opas beste Klößchensuppe

Diese Suppe habe ich am 26.10.2001 zur Herbstmesse mit meinem leider zu früh verstorbenen Freund dem Reisejournalist Rudi Schirmer gekocht. Bei allen Gästen fand diese Suppe großen Anklang.

1 Beutel Kochreis	kochen und etwas auskühlen lassen.
500 g Hackepeter	untermischen.
1 Zwiebel	schälen, fein würfeln, dazugeben.
1 Bund Petersilie	fein schneiden, dazugeben.
1 Ei	ebenfalls untermischen. Die Masse mit
Salz, Pfeffer	abschmecken und daraus kleine Klößchen formen. Klößchen in
2 EL Mehl	wälzen.
1 EL Butter	in einen Topf geben, erhitzen.
1 Zwiebel	schälen, schneiden, in der Butter anschwitzen.
2 l Fleischbrühe	dazugeben und zum Kochen bringen. Vorsichtig die Fleischklößchen hineingeben und etwa 40 Minuten auf kleiner Flamme köcheln lassen.
200 g Joghurt	mit
1 Ei	vermischen und zum Schluss zur Suppe geben, nochmals kurz aufkochen und dann servieren.

In Bischdorf

Kahnkorso zum Spreewaldfest 2009

Rosenkohl-Kartoffeltopf mit Entenbrustfilet

500 g Rosenkohl	putzen, waschen, Stielansatz kreuzweise einschneiden und in
1 l Hühnerbrühe	etwa 5 Minuten kochen. Inzwischen
750 g Kartoffeln (fest kochend)	schälen, in Scheiben schneiden und zur Brühe zugeben, weitere 10 Minuten kochen. In einer Pfanne
2 EL Rapsöl	erhitzen, darin
400 g Entenbrustfilet	etwa 2 Minuten von jeder Seite braten, dabei mit
Salz, Pfeffer	würzen und anschließend in Scheiben schneiden.
1 Bund Schnittlauch	waschen, schneiden, mit
200 g Sahne	in den Eintopf rühren, mit der Entenbrust auf Tellern anrichten.

In Lübbenau

Mit dem Drahtesel durch den Spreewald

Sauerkrauttopf mit Birnen

Von Eva-Maria König aus Vetschau

300 g Schweinefleisch (mager)	in Würfel schneiden.
8 mittelgroße Kartoffeln	
2 Zwiebeln	schälen und würfeln.
100 g Speck	in Würfel schneiden.
1 EL Öl	in einem Topf erhitzen und alle Zutaten anbraten. Mit
Salz, Pfeffer	würzen.
500 g Sauerkraut	klein schneiden, dazugeben.
500 ml Weißwein	aufgießen und alles zugedeckt etwa 30 Minuten köcheln lassen.
3 Birnen	schälen, achteln, Kernhaus entfernen und dazugeben, nochmals 15 Minuten köcheln lassen.

Blick auf Vetschau

Ziegen in Raddusch

Karl Adebar – Ein Spreewälder Original

Von Peter Becker

Was jedem Spreewaldbesucher bald nach seiner Ankunft auffällt, sind die zahlreichen Weißstorchbegegnungen. Egal ob am Himmel Kreise ziehend, egal ob hinter einem Pflug nach Nahrung suchend oder hoch oben im Horst – diesen großen Vogel kann man nicht übersehen und er zieht die Blicke auf sich. Im Biosphärenreservat Spreewald brüten über 100 Paare, damit besteht hier eine der höchsten Bestandsdichten in Deutschland. Die weit gefächerte Fluss- und Wiesenlandschaft bietet mit ihren zahlreichen Feuchtbiotopen den Störchen ideale Lebensbedingungen, das Biosphärenreservat wurde zum Rückzugsgebiet für die aus industrialisierten Gebieten verdrängten Tiere.

Weißstörche werden durchschnittlich etwa acht Jahre alt – der älteste beringte Storch erreichte 30 Jahre. Die meisten kommen in den ersten Lebensjahren um. Winfried Böhmer vom Naturschutzbund: »Nur etwa 15 Prozent ausgeflogener Jungstörche schreiten mit der Geschlechtsreife im dritten bis vierten Lebensjahr zur Brut. Häufigste Todesursache sind immer noch Anflüge an Leitungen und Stromschlag auf Masten der Mittelspannungsmasten. Die Tiere bevorzugen frei stehende Strommasten gern als Ruhe- und Schlafplatz und kommen hier leicht mit den spannungsführenden Teilen in Kontakt. Allerdings wird auch sehr viel zum Schutz der Störche getan. Nach dem Bundesnaturschutzgesetz dürfen nur noch vogelfreundliche Mastenkonstruktionen neu errichtet werden und bestehende gefährliche Masten müssen bis 2012 entschärft sein.«

Früher fand man viel häufiger Nester auf Hausdächern und, speziell im Spreewald, auf Bäumen. Heute brüten die Störche fast nur noch auf Niederspannungsleitungen oder auf für sie aufgestellte Nistmasten. Als eine Ursache sehen Experten die Zunahme von Mardern, die Eier oder Küken aus den Horsten holen. Im Durchschnitt befinden sich vier bis fünf Eier im Nest, die Störche entscheiden dann aber nach der Futtersituation, wie viele Jungtiere sie letztlich groß ziehen. Da kommt es schon mal vor, dass ein oder zwei schwächere Jungtiere aus dem Nest geworfen werden. Da hilft meist auch kein menschliches Eingreifen, denn oft überleben die

Störche auf einem Raddduscher Wohnhaus

Storchenküken den Abwurf nicht oder sind zu stark verletzt. Überlebende Küken kommen zur Pflege in spezielle Wildtierstationen.

Die Menschen im Spreewald mögen seit alters her diesen Großvogel. Wenn er aus seinen Überwinterungsgebieten kommt, dann ist auch der Winter zu Ende, dann beginnt wieder eine angenehmere Zeit. Heute steht die Rückkehr des Storches auch für den Beginn der Tourismussaison, die meist auch dann wieder endet, wenn der Weißstorch gen Süden zieht. Die Spreewälder Störche sind »Ostzieher«, – sie ziehen über den Balkan bis nach Südafrika. Für diese Strecke benötigen sie mehrere Wochen mit Tagesetappen von bis zu 300 Kilometern – eine beachtliche Leistung, die diese 2,5 bis 4,5 Kilogramm schweren Tiere mit etwa zwei Meter Flügelspannweite vollbringen.

Im Vetschauer Weißstorchzentrum kann man sehr viel über diesen beeindruckenden Vogel erfahren. Hier befindet sich auch die Livekamera, die über das Internet stets aktuell aus dem Storchenhorst Bilder in die Welt sendet (www.storchennest.de).

Gedränge

Weißstorch im Landeanflug

Selleriecremesuppe mit Tomatenmus und Basilikum

Die Selleriesuppe

½ Sellerieknolle	schälen, in Würfel schneiden und in
¼ l Gemüsebrühe	weich kochen. Mit dem Mixstab pürieren, nun
4 EL Crème fraîche	unterziehen und etwas einkochen lassen.
4 EL Sahne	steif schlagen und unter die heiße Suppe ziehen. Mit
Salz, Pfeffer (weiß), Muskat	abschmecken.

Garnieren Sie die Suppe mit zarten, grünen Sellerieblättern und Basilikum.

Das Tomatenmus

1 TL Zwiebel (gewürfelt)	in
1 TL Butter	anbraten.
½ Knoblauchzehe	schneiden, dazugeben, dann
500 g Tomaten	waschen, vierteln, dazugeben. Mit
3 Blätter Basilikum	
1 Msp. Zucker	
Salz, Pfeffer	abschmecken und eine ½ Stunde köcheln lassen, bis die Tomaten sehr weich sind. Durch ein feines Sieb streichen und kalt stellen. Die heiße Selleriesuppe und das kalte Tomatenmus getrennt servieren.

Spreewaldkahn in Raddusch

Die Leiperin Marlene Jedro bei der Schaffütterung

Spargelcremesuppe

Von Spargelbauer Reinhard Mich aus Klein Radden

400 g grüner Spargel	dünn schälen und in kleine Stücke schneiden, einige Spargelspitzen für die Garnitur aufheben.
100 g Kartoffeln	schälen, in kleine Würfel schneiden.
2 Stangen Porree	putzen, halbieren, in Ringe schneiden. Dann in einem Topf mit
60 g Leinöl	glasig dünsten, mit
1 Msp. Salz	würzen und mit Kartoffeln und Spargel kurz andünsten. Mit
¼ l Milch auffüllen	und etwa 20 Minuten köcheln lassen. Die Spargelspitzen in
Gemüsebrühe	etwa 5 Minuten köcheln lassen und kalt abschrecken. Die Suppe mit dem Mixstab pürieren. Danach
3 EL Crème fraîche	unterziehen, anrichten, mit Spargelspitzen und
Stiefmütterchen	garnieren.

In Leipe

In Lehde

Speck-Rüben-Topf

Von Familie Adam aus Schwarzheide

400 g Kartoffeln	
200 g Steckrüben	
2 Möhren	waschen, schälen, würfeln, zur Seite stellen.
100 g Speck	würfeln und in einem Topf anbraten.
1 Zwiebel	schälen, würfeln, dazugeben. Mit
½ l Gemüsebrühe	auffüllen, die gewürfelten Kartoffeln, Steckrüben, Möhren zufügen.
1 Lorbeerblatt	
½ TL Majoran	dazugeben, aufkochen und etwa 25 Minuten köcheln lassen.
1 Bund Petersilie	waschen, schneiden und jeden Teller mit je
1 EL Crème fraîche	garnieren.

Einfahrt zum Boblitzer Kahnfährhafen

In Lübbenau

Sorbische Hochzeitssuppe

Von Bernd Schmidtchen aus Cottbus

350 g Hohe Rippe (Rindfleisch)	in
1 l Wasser (kalt)	zum Kochen bringen, abschäumen. Mit
Salz	
2 Lorbeerblätter, 12 Pimentkörner	würzen.
1 Bund Suppengrün	putzen, schneiden, kurz vor dem Fertigstellen der Suppe dazugeben. Suppe passieren, mit
Salz, Muskat	abschmecken. Nun
8 Eier	verrühren und langsam in die Suppe einrühren. Rindfleisch in Würfel schneiden, wieder dazugeben.
½ Bund Schnittlauch, 1 Bund Petersilie	fein schneiden, dazugeben.

Hirse-Gemüse-Eintopf

2 Zwiebeln	schälen, würfeln, mit
250 g Hirse	und
2 EL Öl	in einem Topf anbraten.
Möhren, Sellerie, Kohlrabi, Petersilienwurzel	waschen, schälen, schneiden, dazugeben.
1¼ l Gemüsebrühe	auffüllen, mit
Zucker, Salz	abschmecken und etwa 30 Minuten köcheln lassen.
Petersilie, Basilikum	klein schneiden, überstreuen und abschließend mit etwas
Reibekäse	bestreuen.

Leiper Hof

Auberginen – gefüllt

Von Gemüsebauer Wilfried Baronick aus Burg und von meinem Freund Jochen Fischer bekam ich viele Hinweise zur Zubereitung von Auberginen. Man verwendet nur solche Früchte, die glänzen, eine glatte dunkelviolette Haut und einen knackig grünen, stacheligen Stiel haben. Bei der reifen Frucht gibt die Schale auf leichten Fingerdruck nach. Einige Tipps zur Zubereitung von Auberginen: Nach dem Waschen schneidet man die Frucht mit Schale in Stücke oder Scheiben und legt diese auf ein Sieb, welches über einer Schüssel liegt. Nun salzt man die Auberginen von beiden Seiten, damit Wasser und Bitterstoffe entzogen werden. Nach etwa zehn Minuten können die Auberginenstücke mit Küchenkrepp getrocknet werden. Für die Zubereitung ohne Schale schält man die Frucht oder brüht sie, ähnlich wie Tomaten. Bevorzugt bereite ich Auberginen im Backofen bei 200 Grad Celsius zu. Für etwa 20 Minuten grille ich die Frucht, bis die Schale schwarz ist, wobei ich mehrfach wende, dann ziehe ich die Schale ab.

100 g Reis	in
200 ml Gemüsebrühe	etwa 18 Minuten körnig ausquellen lassen.
1 kg Auberginen	im Stück etwa 20 Minuten kochen.
250 g Zwiebeln	schälen und in kleine Würfel schneiden, in
2 EL Olivenöl	anbraten.
100 g Tomaten	klein schneiden,
250 g Paprikaschoten	entkernen, würfeln, Zutaten zum Reis geben. Die Auberginen der Länge nach durchschneiden. Etwas Auberginenfleisch mit einem Teelöffel herausnehmen und mit
3 EL Olivenöl	in die Reis-Gemüsemischung geben.
3 Knoblauchzehen	durchpressen und
½ Bund Petersilie	klein schneiden, dazugeben, untermengen. Mit
Pfeffer	abschmecken und die Mischung in die Auberginen füllen. Ungefähr 10 Minuten im Ofen leise schmoren lassen.

Bischdorfer Teichfahren

Chicorée in Folie

8 Stück Chicorée	waschen und trocken tupfen. Mit Hilfe eines kleinen Küchenmessers längs, ziemlich tief einschneiden. Nun Aluminiumfolie in 8 viereckige Stücke schneiden. Die Folie mit
80 g Butter	bestreichen, den Chicorée auflegen, Folie gut verschließen und für etwa 45 Minuten bei 160 °C im Backofen backen. Die Folie auf der Seite öffnen, auf der wir den Chicorée eingeschnitten haben und wie eine Halskrause auseinander ziehen, auf einer Servierplatte anrichten.
1 Bund Dill	waschen, klein schneiden, mit
8 EL Sauerrahm	und
je 1 Msp. Salz, Pfeffer	verrühren und auftragen.

Diese Gar-Methode liebe ich – sie erlaubt Ihnen auf einfache Weise eine köstliche Gemüsebeilage für Fischgerichte oder gegrilltes Fleisch vorzubereiten.

In Schlepzig

Pferdekoppel bei Raddusch

Blumenkohlgratin

1 Blumenkohl (1 kg)	zerteilen, Strunk abschneiden, Hüllblätter herauslösen, kleine Blätter entfernen, Röschen abbrechen und unter Wasser abspülen. In
Salzwasser (kochend)	etwa 5 bis 6 Minuten garen, abgießen, warm stellen.
50 g Butter	im Topf erhitzen, darin
25 g Mehl	anschwitzen, mit
¼ l Fleischbrühe	auffüllen und glatt rühren.
⅛ l Sahne	zugießen und 4 bis 5 Minuten durchkochen. Nun
100 g gekochten Schinken	würfeln.
2 Eier	mit
30 g Käse (gerieben)	verrühren, mit dem Schinken in die Soße rühren. Den Blumenkohl unter die Soße heben, alles in eine gefettete Auflaufform geben. In einer Pfanne
50 g Butter	anschwitzen.
2 EL Semmelbrösel	dazugeben und über dem Auflauf verteilen. Im Ofen bei 200 °C etwa 20 bis 25 Minuten backen.
1 Bund Petersilie	klein schneiden und den Auflauf garnieren.

Die Slawenburg Raddusch

Wildschwein bei Leipe

Fenchel-Schaschlik

Die grünlich-weißen Knollen erobern den Spreewald: Der Fenchel war schon im Altertum eine geschätzte Pflanze. Der Gemüse- oder Knollenfenchel ist eine Spezialität des Mittelmeerraumes, aber auch bei uns jetzt schon Jahrzehnte im Anbau. Ich bin ein Liebhaber des Fenchels, deshalb haben wir ihn von August bis November im Angebot. Fenchel genieße ich roh, gedünstet, gekocht oder gegrillt. Für meine Zubereitung werden die äußeren Blattschuppen der Knolle entfernt, den Wurzelansatz schneide ich glatt und die Stängel kürze ich auf Daumenbreite. Übrigens: Werfen Sie nicht das zarte Grün der gefiederten Blätter weg – ich schneide sie klein und streue sie am Ende über das Fenchelgericht.

2 Fenchelknollen	längs in 8 Stücke zerteilen.
2 Paprikaschoten (gelb, rot)	in mundgerechte Stücke schneiden, Gemüse in eine flache Form legen.
1 Limette (unbehandelt)	Saft auspressen, mit
4 EL Leinöl	und
4 TL Senf (körnig)	zu einer Marinade verrühren.
2 Knoblauchzehen	schälen, durchpressen und dazugeben. Das Gemüse begießen und 1 Stunde ziehen lassen. Nun
1 Limette (unbehandelt)	waschen und in 8 Spalten teilen. Fenchel, Paprika, Limettenstücke auf Holzspieße stecken, den Grill auf mittlere Hitze stellen und die Spieße ungefähr 10 Minuten grillen. Dabei mehrfach wenden und mit Marinade bestreichen.

Holzspieße verbrennen nicht, wenn man sie vorher in Limettenwasser einlegt. Wenn Sie über Holzkohle grillen, verwenden Sie Alufolie oder noch besser eine wieder verwendbare Aluschale, dann kann nichts in die Glut tropfen.

Hofanlage auf den Radduscher Kaupen

Spreewälder Meerrettich

Von Peter Becker

Spreewaldbäuerin beim Legen der Schwiegatze

Seit zehn Tagen sieht Karin Heyden (65) nur Meerrettich und nochmals Meerrettich, denn insgesamt etwa acht Tonnen dieses Edelgemüses müssen in einer kalten zugigen Halle am ehemaligen Stradower Gut geputzt werden. »Da werden wohl noch zwei Wochen vergehen bis wir damit fertig sind. Wenn wir die vielen freiwilligen Helfer nicht hätten, wäre es nicht zu schaffen!« Beherzt greift sie in den großen Haufen und zieht sich ein prächtiges Exemplar heran, um die Fechser, im Spreewald auch Schwiegatze genannt, abzutrennen. Diese Seitenwurzeln dienen dann im kommenden Frühjahr als Setzlinge für die neue Meerrettichkultur. Die Hauptwurzel wird nach A-B-C-Sorten getrennt und für die Weiterverarbeitung in Säcken aufbewahrt.

In der Stradower Halle geht es bei aller Monotonie doch recht lustig zu, man tauscht Dorfneuigkeiten ebenso aus wie bewährte Kochrezepte, die sich natürlich oft um das Gemüse drehen. Alle schwören dabei auf klein geriebenen Meerrettich, Mayonnaise und Zitrone als Dipp zu allen Fleischgerichten. Bekannt ist auch die antibakterielle Wirkung des Meerrettichs, so soll er mit Honig eingenommen doch recht wirksam gegen Erkältungskrankheiten sein. Bei einer anderen, dem Meerrettich seit alten Zeiten nachgesagten Wirkung, kamen die Frauen ins Kichern und die Männer zeigten ein wissendes, schweigendes Lächeln ...

Erntehelfer Hermann Steffner (70) begleitet dieses Spreewaldgemüse schon ein Leben lang, es war ein begehrtes Tauschobjekt in schwieriger Zeit und die ideale Schmuggelware, wie er jetzt seine Jugendsünden eingesteht: »Wir fuhren mit dem Zug über die offene Grenze nach

Ein pflugähnliches Gerät hebt den Meerrettich bei der Ernte an.

Westberlin, auf dem Schoß ein Karton mit Meerrettich, der uns jungen Männern als Skattisch diente. Die Westberliner Händler zahlten einen guten Preis und wir fuhren mit den neuesten Nietenjacken und Schuhen mit Kreppsohlen zurück in den Spreewald!«

Bauer Bernd Heyden (39), der seit 2001 den landwirtschaftlichen Betrieb in vierter Generation führt, ist mit der diesjährigen Ernte auf der 1,7 Hektar großen Fläche zwischen Raddusch und Stradow durchaus zufrieden. »Unserem bayerischen Abnehmer wird die diesjährige Qualität gefallen!« Der Meerrettichgeschmack und seine Schärfe sind nämlich stark von den Wuchsbedingungen abhängig. Der süddeutsche Alleinabnehmer bringt anschließend seine Ware nach Ungarn zur Weiterverarbeitung, von dort aus gelangt sie wieder als »Spreewald-Meerrettich« in die deutschen Supermärkte. Sicher wird auch Erntehelfer Steffner einige Wurzeln mit nach Hause nehmen dürfen, dann gibt es sein Lieblingsgericht: Ochsenschwanz in Meerrettichsoße!

»Es wird eine gute Ernte, der Sommer war für unser Gemüse ideal und wir rechnen mit drei Tonnen Meerrettich auf unseren dreitausend Quadratmetern Land!« Dies bestätigt auch die Leiperin Katrin Schindewolf. Sie und ihre Helferin Marta Willing müssen sich häufig bücken, um die von dem Treckerfahrer Marcel Willing und Schwiegervater Willi Konzack aus dem Boden geholten und manchmal bis zu einem Kilogramm schweren Exemplare aufzusammeln. Helferin Marta betreibt mit ihrem Mann selbst eine kleine Landwirtschaft und findet es selbstverständlich, dass man sich gegenseitig unterstützt, denn schon in den nächsten Tagen soll auch bei ihnen die Ernte erfolgen, dann mit Helferin Katrin. »Wir brauchen nicht zusätzlich bewässern, Chemie kommt ohnehin nicht in Frage, denn der Meerrettich als heimische Gemüsepflanze wächst auch ohne menschliche Eingriffe gut, wenn er ordentlich Kuhmist als Düngung bekommt.«

Der Meerrettich wird mit der Hand aufgesammelt.

Erntehelfer entfernen die Seitentriebe

Spreewaldgemüse im Teigmantel

Der Buttermilchteig

1 Ei	trennen, das Eigelb mit
80 g Mehl	
200 ml Buttermilch	und
1 TL Rapsöl	zu einem dickflüssigen Brei verrühren. Mit
Salz, Muskatnuss	abschmecken und eine Stunde ruhen lassen. Das Eiklar steif schlagen und unter den Teig heben.

Das Spreewaldgemüse

250 g Brokkoli	putzen, in Röschen teilen, in kochendem
Wasser	5 Minuten vorgaren und abschrecken.
300 g Rosenkohl	putzen, Röschen unten einschneiden, in kochendem
Wasser	10 Minuten vorgaren, abschrecken.
250 g Spargel	
150 g Champignons	
1 rote Paprika	waschen, putzen und in mundgerechte Stücke schneiden. Die Stücke auf eine Gabel spießen und durch den Teig ziehen.
1 l Rapsöl	in einem Topf auf 180 °C erhitzen. Das Gemüse in das heiße Öl geben und goldbraun ausbacken. Auf Küchenkrepp abtropfen lassen.

Das Vetschauer Schloss – heute Sitz der Stadtverwaltung

Erste Frühlingsboten

Gefüllte Fenchelknollen

4 Fenchelknollen	putzen, in
1 l Salzwasser	mit dem Saft von
½ Zitrone	etwa 15 Minuten köcheln lassen. Dann herausnehmen, halbieren, die Herzblätter herauslösen und klein schneiden.
350 g Hackfleisch (gemischt)	mit
1 Ei	
2 EL Semmelbrösel	und dem geschnittenen Fenchel vermischen. Dann mit
Salz, Pfeffer	abschmecken, in die halbierten Fenchelknollen füllen und je zwei Hälften zusammenbinden. In einer Pfanne
2 EL Rapsöl	erhitzen, Fenchel darin von allen Seiten anbraten.
¼ l Gemüsebrühe	zugießen und 15 Minuten köcheln lassen. Knollen herausnehmen, in eine Schüssel geben. Den Sud mit
2 EL Crème fraîche	verrühren und über dem Fenchel verteilen.

Kutschfahrt von Raddusch aus in den Spreewald

Auf den Lehder Fließen

Knieperkohl mit Schweinebauch

Knieperkohl war früher ein Arme-Leute-Essen. Heute ist es eine Delikatesse, die nicht nur inländische Gaumen erfreut. Auch ausländische Gäste genießen den außergewöhnlichen Geschmack dieses Prignitzer Gerichtes. Es besteht aus Grünkohl, Markstammkohl, Weißkohl, Weinreben und Salz.

Von meinem Freund und Kollegen Jürgen Srayer, unserem Knieperkohl-König in der Prignitz

350 g geräucherten, fetten Schweinebauch	in
1 l Wasser	zum Kochen bringen.
3 Zwiebeln	schälen, putzen und im Stück zum kochenden Schweinebauch geben.
1 TL Salz	
3 Lorbeerblätter	
5 Pimentkörner	zufügen und etwa 45 Minuten zu einer kräftigen Brühe kochen lassen. Inzwischen
150 g Rauchspeck	in Scheiben schneiden und in die Pfanne geben. Nun
1 Glas Knieperkohl (850 g)	dazugeben und etwa 5 Minuten anbraten. Zwei Drittel der Fleischbrühe mit dem Schweinebauch dazugeben und ungefähr 2 bis 3 Stunden bei 120 °C bis 150 °C, ohne Deckel auf dem Herd köcheln lassen. Bereits nach 1½ Stunden den Schweinebauch aus dem Knieperkohl nehmen und in portionsgerechte Scheiben schneiden.

Streuobstwiese beim Radduscher Bio-Bauernhof Buchan

Burg-Kolonie

Gefüllter Kohlrabi

Der würzige Kohlrabi gilt als typisches Spreewaldgemüse. Die Frucht entwickelt sich aus der verdickten Sprossachse der Kohlrabipflanze, die auch als Sprossknolle oder Oberrübe bezeichnet wird. Die Sorten, die in der Göritzer Agrar GmbH angebaut werden, unterscheiden sich durch ihre weiße bis zartgrüne oder blaue bis violette Schalenfarbe. Die Göritzer Freilandkohlrabi schmecken mir im Gegensatz zu Unterglasware besser – sie haben einen kräftigen, würzigen Geschmack. Ich bevorzuge jungen Kohlrabi – er ist besonders zart. Junge Kohlrabiknollen werden von mir gewaschen und abgebürstet und im Stück, auch mit der Schale gekocht.

Von Eveline Herrmann aus Brieske

4 junge Kohlrabi	Blätter entfernen, dünn schälen, in
Salzwasser	etwa 10 Minuten vorgaren, herausnehmen, einen Deckel abschneiden und innen aushöhlen. Das Innere und die jungen Blätter klein schneiden.
½ Brötchen	in
Milch	einweichen, ausdrücken und mit
300 g Hackepeter	vermischen.
1 Zwiebel	
1 Knoblauchzehe	schälen, schneiden, zur Hackmasse geben.
1 Eigelb	untermengen. Mit
Salz, Pfeffer	kräftig abschmecken. Die Masse in die ausgehöhlten Kohlrabi füllen.
1 EL Margarine	in einer Pfanne auslassen, Kohlrabi hineingeben, die gehackten Blätter und geschnittenen Kohlrabireste ebenfalls in die Pfanne geben. Mit
Muskatnuss	würzen.
400 ml Kohlrabiwasser	dazugießen und bei mittlerer Hitze garen.
2 EL Margarine	in einer Pfanne zerlassen,
2 EL Mehl	einrühren und anschwitzen, mit Kohlrabifond auffüllen, glatt rühren und mit
1 EL Kondensmilch	verfeinern.
½ Bund Petersilie	waschen, klein schneiden, dazugeben. Kohlrabi auf einer Platte anrichten, Soße darüber gießen.

Oldtimertreff in Lübbenau

Mangoldrouladen

Von Eveline Herrmann aus Brieske

8 große Mangoldblätter	waschen, Stiel keilartig aus dem Blatt schneiden, je 2 Blätter übereinander legen.
1 Zwiebel	schälen, würfeln.
½ Brötchen	in
Milch	einweichen, ausdrücken, mit den Zwiebelwürfeln und
400 g Hackepeter	
1 Ei	gut vermengen. Mit
Salz, Pfeffer	kräftig abschmecken. Die Masse in die Blätter füllen, einrollen mit Fäden festbinden. In einer Pfanne
1 EL Margarine	auslassen, die Rouladen darin von allen Seiten anbraten. Mit etwas
Wasser	auffüllen. Nach dem Garen die Soße mit
1 EL Soßenbinder	binden.

Pikante Kohlrüben

Von Charlotte Rissel aus Cottbus

600 g Kohlrüben	schälen und raspeln, mit
250 g Sauerkraut	vermischen.
50 g Speck	in Würfel schneiden und in einem Topf auslassen, Kraut-Rüben-Mischung dazugeben, mit
⅛ l Wasser (kochend)	auffüllen. Mit
Salz	
Majoran, Kümmel	abschmecken und im abgedeckten Topf köcheln lassen.
3 Äpfel	waschen, entkernen, klein schneiden und unterrühren.

Mangold aus dem eigenen Garten

Gebackener Sellerie

Von Eveline Herrmann aus Brieske

2 große Sellerieknollen	schälen, in
Salzwasser	mit dem Saft
1 Zitrone	etwa 20 Minuten kochen, herausnehmen, abtropfen lassen und in Scheiben schneiden – Rechnen Sie ungefähr 2 Scheiben pro Person. Mit
Salz, Pfeffer	würzen.
2 Eier	mit
Muskatnuss	abschmecken und verquirlen, die Selleriescheiben darin wenden.
16 Scheiben Bierschinken	ebenfalls im Ei wenden und jeweils 2 Scheiben Wurst zwischen 2 Scheiben Sellerie legen und diese in
200 g Semmelmehl	panieren. In einer Pfanne
4 EL Öl	erhitzen und die Scheiben auf beiden Seiten goldgelb braten.

Dazu Tomatensalat und Landbrot reichen.

Kahnfahrt mit Regendach in Leipe

Lübbener Schloss

Der Spreewaldkahn

Von Peter Becker

Der innere Spreewald war vor wenigen Jahrhunderten noch ein sumpfiges, urwaldähnliches Gebiet. Auf den Schwemminseln – Kaupen genannt – wurden damals Gehöfte errichtet, der Wald gerodet und in fruchtbare Wiesen und Ackerflächen umgewandelt. Einige Dörfer konnten lange Zeit nur auf dem Wasserwege erreicht werden und der flache Kahn aus Holz war beziehungsweise ist mancherorts noch das einzige Transportmittel. Nahezu jedes Haus hatte damals seinen »Hafen«, einen Kahnstand oder auch Landungsplatz genannt, einen meist flachen Anlegeplatz, auf dem der Kahn einfach auf Grund gesetzt wurde. Ähnlich werden auch die Anlegestellen auf den Wiesen ausgesehen haben: Der Kahn musste zum Be- und Entladen von Futter, Heu, Mist, Ernten und Tieren einerseits ruhig liegen und andererseits dem wechselnden Tiefgang angepasst werden. Meist landete man über den »Konz« an, man fuhr mit der flachen Kahnspitze einfach auf Grund.

»Ich erkenne alle meine Kähne«, behauptet Karl Koal, Kahnbauer aus Lehde im Spreewald. »Jeder Kahn hat so seine Besonderheiten, die man nur am Detail erkennt und so der Handschrift des Kahnbauers zuordnen kann.« Karl Koal hat schon viele Kähne gebaut, es dürften so an die 600 sein, die er seit fast 25 Jahren »auf Kiel gelegt« hat. Dabei hat das Spreewaldfahrzeug gar keinen Kiel, denn alles beginnt mit den Seitenwänden und dem Steuerbrett. Der Lehder Tischlermeister baut Kähne auf Kundenwunsch, auch in verschiedenen Längen. »Bei maximal zehn Meter ist aber Schluss, dann stößt der Kahn an seine statischen Grenzen«, ist sich Koal sicher.

Harzreiches Kiefern- oder auch Lärchenholz wird zu Bohlen geschnitten und zwei Jahre gelagert. Im Frühjahr werden die Bohlen für die Kahnseiten zugeschnitten und gehobelt, danach im Freien über Feuer gebogen. Die fertigen Kahnseiten werden auf Hilfsspanten montiert, mit den Bodenbrettern verschraubt und dem eichenen Bugklotz verklinkt. Der Kahn ist flach gehalten, um ihn von allen Seiten beladen zu können. Kahnseiten und Bodenbretter werden nicht fugendicht verbunden, damit sie noch quellen können. Abschließend wird der Kahn imprägniert, getrocknet und gewässert, damit er dicht wird.

Biegen der Kahnseitenwände über offenem Feuer.

Nach etwa zwei Wochen Bauzeit erfolgt dann die Übergabe an den Kunden. An ihm wird es nun liegen, wie alt der Kahn mal wird, welche Nutzungsdauer ihm beschieden ist. »Für den Holzkahn muss man viel Verständnis haben, er ist kein Allwetterkahn und braucht so seine Hinwendung. Er kann vierzig Jahre oder auch nur zehn Jahre alt werden- je nach Pflege«, diesen Tipp gibt Kahnbauer Koal dem Käufer mit und schaut dann ein wenig wehmutig dem davonfahrenden Gefährt hinterher. »Es ist immer ein beeindruckendes Erlebnis, sogar noch nach Hunderten Kähnen – mir schwimmt meine Arbeit davon!« Aber wie um sich abzulenken, gehen seine Schritte gleich wieder in Richtung Lagerplatz, um sich zwei neue schöne Seitenwände auszusuchen. Seine Gedanken sind nun schon beim nächsten Kahn.

Immer häufiger sieht man heute im Spreewald Aluminiumkähne; sie haben den Vorteil, nicht so oft behandelt werden zu müssen. Doch der traditionelle Spreewaldkahn behauptet sich wieder stärker und der bewährte, selbst im strömungsstarken Wasser strudelfrei gleitende Holzkahn ist nach wie vor ein Spreewaldsymbol.

Juliane Koal, die einzige Kahnbauerin Deutschlands

Jungfernfahrt: Nagelneuer Spreewaldkahn auf den ersten Metern

Schwarzwurzelauflauf

800 g Schwarzwurzeln	waschen, schälen, abspülen, in Stücke schneiden und in eine Schüssel geben.
½ l Wasser	dazu und
je 1 EL Essig, Mehl	darin verrühren.
2 Zwiebeln	
4 Kartoffeln	
2 Möhren	schälen und in Scheiben schneiden. Alle Zutaten schichtweise in eine mit
30 g Butter	ausgefettete Auflaufform geben. Mit
4 EL Gemüseerbsen	als Farbtupfer abrunden.
2 Eigelb	mit
⅛ l süße Sahne	
4 EL Weißwein	verschlagen, mit
Salz, Pfeffer (weiß)	
Muskat	abschmecken und über den Auflauf gießen. Im gut vorgeheizten Ofen bei 200 °C etwa 60 Minuten garen.
½ Bund Petersilie	waschen und klein schneiden, vor dem Servieren über den Auflauf streuen.

Dazu passt kurz gebratenes Fleisch (Rezepte ab Seite 84).

Markierte Singschwäne auf überfluteten Spreewaldwiesen

Die Straupitzer Dreifach-Windmühle

Tomaten mit Käse gefüllt

Beim Einkauf sollte man darauf achten, dass die Tomaten unverletzt und nicht zu weich sind. Angeschlagene Tomaten eignen sich eigentlich nur für Suppen und Soßen. Grüne Tomaten reifen zwar nach, entwickeln jedoch nur wenig Aroma. Tomaten lagere ich nicht im Kühlschrank, da werden sie schnell hart und verlieren ihr Aroma. In einer Papiertüte bei Zimmertemperatur bewahre ich sie auf. Wenn Tomaten zu weich sind, lege ich sie etwa eine halbe Stunde ins kalte Wasser, sie lassen sich dann besser schneiden, ohne das die Haut reißt. Den Stielansatz bei Tomaten entferne ich großzügig mit einem spitzen Küchenmesser.
In Parma habe ich beim Häuten der Tomaten meinen italienischen Kollegen über die Schulter geschaut. Die Tomaten ritze ich über Kreuz oben ein und lege sie in einen Topf mit kochendem Wasser (mit einigen Basilikumblättern). Nach etwa 15 bis 20 Sekunden nehme ich die Tomaten mit der Schaumkelle heraus, schrecke sie mit kaltem Wasser ab und ziehe die Haut mit meinem spitzen Küchenmesser vorsichtig ab.

8 Tomaten	waschen, Stielansatz ausschneiden, Deckel abschneiden, die Tomaten aushöhlen und innen mit
Salz, Pfeffer	würzen.
2 Eier	hart kochen, abschrecken, abpellen und in Würfel schneiden.
1 Bund Schnittlauch	waschen, klein schneiden, mit Eierwürfeln und
8 EL Käse (gerieben)	vermischen und gut rühren, in die Tomaten füllen, Deckel aufsetzen. Eine Auflaufform mit
2 EL Öl	fetten, Tomaten hineinsetzen und im vorgeheizten Ofen garen.

Jutta Pudenz und ihr Postkahn

Traditionelles Hirsekohlgericht

Ein Familienrezept von Martha Steffen aus Burg

1 mittelgroßer Weißkohl	putzen, grob schneiden, dabei die starken Rippen entfernen.
100 g Speck	in kleine Würfel schneiden und in einem großen, hohen Topf auslassen.
1 Zwiebel	schälen, würfeln, dazugeben, mit
150 ml Wasser	auffüllen, den Weißkohl dazugeben. Mit
1 Msp. Salz, 1 TL Kümmel	abschmecken und bissfest dünsten, dabei gelegentlich wenden. Inzwischen
500 g Hirse	waschen und in einem anderen Topf mit
1 l Wasser	auf kleiner Flamme etwa 20 Minuten quellen lassen. Danach wird die dicke Hirse in den Kohl gegeben.
⅛ l Leinöl	unterheben.

Dazu reicht man Milch und fettet bei Bedarf mit Leinöl nach.

»Haus der Begegnung« in Burg

In Schlepzig

Zucchini-Zwiebeltopf mit Kasseler

Zucchini gehören zur Familie der Sommerkürbisse. Der Name Zucchini ist die italienische Verkleinerungsform von »Zucca« (Kürbis). Neben der dunkelgrünen oder weißlich-gefleckten Sorte, verarbeite ich gerne cremefarbige und goldgelbe Exemplare. Ihr Geschmack ist sehr mild. Diese Sorten sind in der Verarbeitung sehr anpassungsfähig und nehmen durch die Zugabe von frischen Kräutern und Gewürzen, wie beispielsweise Rosmarin oder Curry, nahezu jedes Aroma an. In meinem Garten ernte ich Zucchini von Juni bis Oktober. Stets lasse ich zur Dekoration ein paar Riesenexemplare wachsen, aber auch zum Ausstechen für meinen Zucchini-Kürbistopf. Für Salate oder zum Grillen verwende ich meine kleinen Zucchini von 10 bis 15 Zentimeter Länge – sie schmecken mir roh am besten. Größere Exemplare verwende ich für meine Eintöpfe, Gemüsepfannen oder Mixed Pickles. Die wunderbaren gelben Blüten mit ihrem fruchtigen Geschmack sind ein Leckerbissen. Ich fülle Blüten mit etwa 5 bis 8 Zentimeter Tiefe mit einer Mischung aus Fleisch- und Frischkäse, dämpfe sie dann schonend oder esse sie roh.

1 kg Zucchini	waschen, längs halbieren, Kerngehäuse entfernen und dann in etwa 1 cm dicke Scheiben schneiden.
500 g Zwiebel	schälen, halbieren und schneiden, mit den Zucchinischeiben mischen. Mit
1 TL Gemüsefond/Brühe	
Salz, Pfeffer	würzen. Zugedeckt etwa 1 Stunde stehen lassen.
4 Scheiben Kasseler (à 100 g)	in
4 EL Mehl	wenden.
2 EL Öl	und
4 EL Butter	in einer Pfanne erhitzen und darin die Kasselerscheiben anbraten. Anschließend herausnehmen und warm stellen. Im Bratfett nun die marinierten Zucchini etwa 15 Minuten dünsten. Zum Schluss
2 EL Petersilie (gehackt)	
2 EL Dill (geschnitten)	dazugeben und mit Kasseler gefällig anrichten.

Kartoffelpüree ist eine gute Beilage.

Radduscher Dorfstraße

Kürbisse – Die dicken Dinger

Seit meiner Kindheit habe ich mit Kürbis viel zu tun – aus Kürbis kreiere ich eines meiner Erfolgsrezepte. Kürbis ist eine sehr gesunde, kalorienarme Frucht, außerdem ist er vitamin-, mineralstoffreich und leicht verdaulich – er besteht bis zu 90 Prozent aus Wasser. Meine Kürbisse bringen bis 75 Kilogramm auf die Waage und werden angebaut von Martin Schmidt in Burg. Die Kürbispflanze bedeckt eine durchschnittliche Fläche von zwei bis vier Quadratmetern. Der Kürbis kommt aus einer großen Familie mit nahezu 850 Arten – da muss ich noch viele kennen lernen.

Sorte / Gewicht / Lagerung	Verarbeitung
Patisson 0,3 bis 0,7 kg Haltbar 2 bis 3 Monate	Für Rohkost, zum Frittieren, Backen, Einmachen
Rondini 0,8 bis 1,5 kg Haltbar 2 bis 3 Monate	Für Suppen, zum Füllen, als Gemüse
Spaghettikürbis 1 bis 3 kg Haltbar 2 bis 5 Monate	Zum Kochen, Dünsten, als ganze Frucht, im Salat
Butternuss 1,1 bis 2,5 kg Haltbar 6 bis 12 Monate	Für Rohkost, zum Backen, zum Braten, für Süßspeisen, für Suppen, Kuchen, Marmelade
Muskatkürbis 5 bis 25 kg Haltbar 4 bis 8 Monate	Für Rohkost, Gratins, Suppen, Püree, Süßspeisen
Hokkaido 1 bis 2,5 kg Haltbar 5 bis 6 Monate	Für Rohkost, Suppen, Püree, Süßspeisen, zum Füllen
Turbankürbis 0,3 bis 0,8 kg Haltbar 3 bis 4 Monate	Zum Füllen, Backen, für Suppen
Riesenkürbis bis zu 100 kg Haltbar 3 Monate	Für Suppen, Braten, Marmeladen, zum Schnitzen

Backtag in der Leiper Dubkow-Mühle

Kürbissuppe mit Schmelzkäse

Von Ina Zimmermann aus Cottbus

1 kg Kürbis	Schale und Kerngehäuse entfernen, Kürbisfleisch in Würfel schneiden.
1 Zwiebel	
2 Knoblauchzehen	schälen und klein schneiden, in
6 EL Olivenöl	leicht anschwitzen.
3 Kartoffeln	schälen, würfeln, dazugeben.
1 Möhre	putzen, in Ringe schneiden, mit dem Kürbis hinzugeben und 5 bis 10 Minuten dünsten.
500 ml gekörnte Brühe	auffüllen, weitere 10 Minuten köcheln lassen.
100 g Schlagsahne	
200 g Schmelzkäse	hinzugeben, mit dem Mixstab pürieren und mit
Salz, Pfeffer	
Cayennepfeffer	
½ TL Kreuzkümmel	
1 EL Ingwer	abschmecken.

Mit gerösteten Weißbrotwürfeln servieren.

Kürbisernte

Großer Hafen Lübbenau

Kürbis-Curry

450 g Kürbis	Schale und Kerngehäuse entfernen, Kürbisfleisch in Würfel schneiden, in etwas
Wasser	ungefähr 15 Minuten kochen lassen. In einem Topf
1 grüne Chilischote	entkernen, fein schneiden und mit
½ EL Kurkuma	in
1 EL Rapsöl	kurz anschwitzen, dabei rühren.
1 Zwiebel	
5 Knoblauchzehen	schälen, in kleine Würfel schneiden, dazugeben.
1 TL Ingwer	und
2 Gewürznelken	zufügen.
2 Tomaten	klein schneiden, dazugeben, 5 Minuten köcheln lassen und dabei umrühren. Nun den Kürbis dazugeben, weitere 15 Minuten köcheln lassen.
300 ml Kokosmilch	hineinrühren, nochmals ganz sanft erhitzen und gleich servieren.

Blumenparadies Liebsch in Straupitz

Schafe am Burger Waldschlößchen

Kürbis-Carpaccio

4 kleine Zucchini	waschen, Blütenansatz entfernen und in sehr dünne Scheiben hobeln.
500 g Muskatkürbis	schälen, entkernen und das Fruchtfleisch hauchdünn schneiden. Sternförmig auf 4 Tellern anrichten. Dann
1 Stange Staudensellerie	waschen und klein schneiden.
2 Knoblauchzehen	schälen, klein hacken und mit den dünnen Selleriehalbmonden über Kürbis und Zucchini streuen.
2 EL Zitronensaft, 4 EL Öl	und
Salz, Pfeffer	zu einer Marinade verrühren.
Je 1 Bund Petersilie, Dill	waschen, hacken, in die Marinade rühren, auf den Tellern verteilen.

Mit Blüten dekorieren.

Kürbis-Kartoffelpuffer

Von Charlotte Rissel aus Cottbus

500 g Kartoffeln	waschen, schälen, in eine Schüssel reiben.
250 g Kürbisfleisch	reiben, mit etwas
Mehl	binden und
1 Ei	unterrühren. Mit
Salz	abschmecken. Die Masse löffelweise in einer Pfanne mit heißem
Öl	knusprig braun braten.

Ferienhaus in Lehde

Osterbräuche im Spreewald

Von Peter Becker

Ostern ist in der gesamten Lausitz und besonders im Spreewald ein tief verwurzeltes Fest. Es steht neben der Christi-Auferstehung auch für das Wiedererwachen der Natur, die den Menschen, besonders im winterlichen Spreewald, den nicht immer leichten Alltag diktierte. Mit den Lebenssymbolen Feuer, Wasser und Ei sind zahlreiche Rituale verknüpft. Das in vielen Orten beliebte Osterfeuer verleiht der Winteraustreibung besonders viel Ausdruckskraft. Je höher das Feuer, je weiter die Reichweite des Feuerscheins, desto fruchtbarer das Land im kommenden Jahr, so der alte Glaube.

Jedes Spreewalddorf, jedes Kirchspiel und jede Lausitzer Region pflegte dabei oft eigene altüberkommene Rituale. Überall üblich war aber die Ostereierverzierung, egal ob durch die aufwändige Wachstechnik oder eben nur durch Einfärben. »Wir haben sie ganz einfach in Zwiebelschalen gekocht, damit sie braun wurden, andere kamen in einen Topf mit viel frischen Roggenpflanzen, da wurden die Eier schön grün«, erinnert sich die Leiperin Anna Jedro (91). In Raddusch dagegen wurde die Wachsmaltechnik mittels Federkiel gepflegt, weiß die dortige Chronik zu berichten. Auch in Lübben war das so: »Wir haben das sogar in der Schule gelernt«, erinnert sich Erika Haschenz (81). Schließlich sollten die mit viel Liebe und Hingabe gestalteten Eier nicht nur später mal für die eigenen Kinder versteckt, sondern auch an die meist zahlreichen Patenkindern verschenkt werden. Fast überall im Spreewald war es Brauch, dass am Ostersonntag die Kinder zu ihren Paten gingen und sich dort drei Ostereier und andere Geschenke abholten. »Wir nannten das ›Pingel holen‹. Dazu wurde Vaters größtes Taschentuch über Kreuz gebunden, so dass ein Behältnis entstand, welches die Paten füllen ›durften‹«, weiß Erika Haschenz zu berichten.

Mancherorts, besonders im Burger Raum, gab es dann auch noch die Patensemmel oder die Ostersemmel, wie sie noch heute zur Osterzeit von einer dortigen Bäckerei gebacken wird. Die Burger Ostersemmel stellt ein Palmblatt dar, anderenorts ist sie zopfartig in drei Strängen geflochten, die Heilige Dreieinigkeit symbolisierend. In Leipe hieß die Semmel Stolle, erinnert sich Anna Jedro: »Auch wir gingen zu den Paten, manche wohnten in Lübbenau. Wir Kinder sind dann mit dem Kahn ganz allein dorthin gefahren und es hat sich auch gelohnt.

Osterwasserholen in Burg (um 1930)

Neben der Stolle, gab es natürlich die drei Eier und oft auch Süßigkeiten, gestrickte Socken und andere nützliche Sachen.«

Einen breiten Raum in den österlichen Traditionen nahm in zahlreichen Spreewaldorten das Osterwasserholen ein. In Raddusch achtete man darauf, dass das Wasser in Richtung Osten floss, in Burg musste es aus einem gegenläufigen Fließ stammen. Günter Gollasch (86, heute in Berlin lebend) weiß noch, dass seine vier Schwestern sich ebenfalls nachts zum Osterwasserholen in die Nähe der Burger Mühle aufmachten und er sie gern mit anderen Jungs dabei stören wollte, was damals durchaus üblich war: »Wenn die Mädels geredet oder gelacht hätten, wäre es ›Plapperwasser‹ geworden, denn der Brauch verlangte ein Wasserholen unter Stillschweigen. Wir jungen Leute haben uns so jedes Jahr einen Spaß daraus gemacht.« Marga Morgenstern (74) hat diesen ›Spaß‹ am eignen Leibe erfahren: »Hätt' ich das Wasser unversehrt nach Hause bringen können, so hätte es mir ewige Jugend und

Osterwasserholen in Raddusch 2009 – Wiederbelebung eines alten Brauches

Die Burger Ostersemmel (um 1930)

Walleien – ein sorbisch/ wendischer Osterbrauch

Schönheit gebracht, so aber musste ich doch alt werden«, blickt sie milde lächelnd auf diese Zeit zurück. Mit dem Wasser wurden mancherorts auch das Vieh und die jungen Pflanzensetzlinge bespritzt, manchmal sogar mit kleinen Holunderspritzen heimlich auch andere Menschen, denen man wohl gesonnen war und alles Gute wünschte.

Weit verbreitet war auch das Ostersingen in der Nacht von Sonnabend zu Sonntag. In der letzten Spinnte hatten die Mädchen ihre Lieder unter Anleitung einer Kantorka, einer Liedgutbewahrerin, eingeübt und trugen sie nun erstmals öffentlich vor, meist vor den Häusern der Spinnteteilnehmerinnen. Noch bis in die sechziger Jahre wurde dieser Brauch in der Gegend um Kunnersdorf gepflegt. Marlene Jedro (57) kann sich noch gut an diese Zeit erinnern: »In der Passionszeit haben wir jeden Sonntagabend und am Ostersonntagmorgen ganz in der Früh unsere Lieder gesungen.« Mit Fug und Recht kann somit gesagt werden, dass die Spinntestuben die »Singeschulen« der wendisch/sorbischen Dörfer waren. In der Woche vor Ostern musste es allerdings sehr leise zugehen, es durfte nicht gelärmt werden und jeder sollte in sich selbst die Ruhe suchen, auch die Kinder durften nur ganz leise spielen.

Aus dem Glauben heraus, dass das Fruchtbarkeitssymbol Ei über möglichst weite Flächen rollen sollte, um diese für die kommende Ernte zu weihen, entwickelte sich das Walleien. In der für Kinder im Laufe der Zeit abgewandelten Form wurden Eier einen meist künstlichen Hang hinab gekullert. Wer dabei ein am Auslauf liegendes Ei traf, hatte gewonnen und durfte das Ei oder einen anderen Preis behalten.

Anja Bechtloff beim Verzieren der Ostereier

Radduscher Trachtenmädchen bringen schweigend – weil es der Brauch so verlangt – um Mitternacht das Osterwasser nach Hause.

Kürbissuppe mit Schinken

800 g Kürbis	in Stücke schneiden, Schale und Kerngehäuse entfernen, Kürbisfleisch in kleine Würfel schneiden.
500 ml Gemüsebrühe	zum Kochen bringen und die Kürbisstücke dazugeben, etwa 15 Minuten kochen lassen und mit dem Mixstab pürieren. Mit
Salz, Pfeffer, Muskat	abschmecken.
2 EL Apfelessig	unterrühren.
200 g gekochten Schinken	in feine Streifen schneiden und
1 Bund Petersilie	fein schneiden. Die Suppenteller füllen und mit Schinken und Petersilie bestreuen.

Für die herbstliche Tafel kann die Suppe auch in einem ausgehöhlten Kürbis serviert werden.

Kürbisgemüse

500 g Kürbis	Schale und Kerngehäuse entfernen, Kürbisfleisch in Würfel schneiden, mit
Salz	bestreuen und in
50 ml Wasser (siedend)	gar dünsten.
200 g Joghurt	mit
4 EL Käse (gerieben)	
1 EL Mehl	verrühren und kurz aufkochen lassen. Mit
Pfeffer, Muskatnuss	abschmecken und damit den Kürbis überziehen. Auf Tellern anrichten und servieren.

Kürbis-Strudel

Der Teig

200 g Mehl	mit
1 Eigelb	
140 g Butter	
1 EL Sahne	
Zucker, Salz	zu einem Teig verkneten, leicht ausrollen, zusammenschlagen, wieder leicht ausrollen und wieder zusammenschlagen – bis er gut vermischt ist. Danach 30 Minuten an einem kühlen Ort ruhen lassen.

Die Füllung

1 kg Muskatkürbis (geschält)	in Stifte schneiden. Dann aus dem Teig ein Rechteck von der Größe eines Backbleches ausrollen. In der Mitte mit den gestifteten Kürbis einen breiten Streifen auslegen. Mit
100 g Rosinen	
100 g Zucker	
Ingwer (gemahlen)	bestreuen. Die beiden Teigseiten überschlagen, so dass sie gut schließen. Die Querseiten umbiegen und fest andrücken. Den Strudel auf ein mit
Öl	gefettetes Blech legen und bei 200 °C etwa 20 Minuten goldgelb backen. Den warmen Strudel mit
Puderzucker	bestreuen.

Kraniche erobern den Spreewald

Unterwegs auf der Hauptspree

Kürbisschnitzel

1 kg Kürbis	schälen, entkernen und in ½ cm dicke Scheiben schneiden. Mit
Salz	beidseitig würzen und 20 Minuten ziehen lassen. Mit Küchenkrepp trocken tupfen und mit
Pfeffer, Muskatnuss	würzen.
3 Eier	in einer Schüssel mit
5 EL Kräuter (gehackt)	verquirlen. Auf jeweils einen großen Teller
Mehl, Semmelmehl	verteilen. Kürbis in Mehl, dann in Ei, dann in Semmelmehl wenden. In einer Pfanne
Leinöl	langsam erhitzen und den Kürbis auf beiden Seiten goldgelb braten.

Dazu dicke Tomatensoße und Bratkartoffeln servieren.

Vetschauer Stadtverwaltung

Im Spreewald schmeckt's besonders gut.

Gurken machen schön

Gurken sind für uns ein erfrischendes Gewächs, aber wegen ihrer wässrigen Beschaffenheit nur wenig nahrhaft. Sehr viele Leute – auch bei uns im Spreewald – pflegen die Gurken zu schälen, roh aufzuhobeln, einzusalzen, dann mit viel Kraftanstrengung den guten Saft der Gurken auszupressen, wegzugießen und begnügen sich nun mit den zurückgebliebenen, ausgequetschten faserigen Teilen. Bei Bauernhochzeiten und Kirmesmahlzeiten werden diese Gurken statt mit Essig und Öl mit brauner Butter und Sirup begossen – das ist Geschmackssache.

Ein Blick 100 Jahre zurück

Ich las in einer Dissertation von Max Kunze an der Universität Tübingen aus dem Jahr 1913 zum Thema »Untersuchungen über die Landwirtschaft des Oberspreewaldes«. Hier wurde mir bestätigt, dass wir Holländern den Weltruf unserer Gurken zu verdanken haben. Wussten Sie, dass der sparsame Preußenkönig Friedrich Wilhelm I. im Jahre 1729 in Lübbenau war? Eigentlich war er zur Jagd angereist, kümmerte sich jedoch vorrangig um den Anbau von Gurken. Denn es war ihm keine Freude, dass die Lübbenauer – also die Sachsen – ihre Gurken in Berlin verkauften. Als der Preußenkönig nach Berlin zurückgekehrt war, traf er Entscheidungen zum Gurkenanbau in Preußen. Mehr als 30 Familien ließ er im preußischen Unterspreewald ansiedeln und stellte ihnen beträchtliche Flächen zur Verfügung. So entstand Neu Lübbenau – über den Erfolg schweige ich lieber.

Gurken – Volksmedizinische Bedeutung

Nach vielen Diskussionen rund um die Gurke mit der Heilpraktikerin Hannelore Linge, kann ich nur feststellen, dass unsere Spreewaldgurken ernährungsphysiologisch hoch einzustufen sind und eines der gesündesten und basenreichsten Gemüse im Spreewald sind. Bei uns steht die Spreewaldgurke hoch im Kurs, weil sie unseren Appetit anregt – sie hat außerdem wassertreibende, herzentlastende, stuhlregulierende und hautreinigende Wirkungen. So hilft dieses Gemüse auch bei Sonnenbrand, Saft und Schalen helfen sogar bei Kopfschmerzen und der Volksmund sagt »Gurken machen schön«.

Schlepziger Dorfkirche

Kalte Gurkensuppe

2 bis 3 Salatgurken	schälen, längs halbieren und in grobe Würfel schneiden, einige Würfel zur Seite legen für Garnitur.
2 Zwiebeln	
3 Knoblauchzehen	schälen und klein schneiden.
4 EL Leinöl	in einem Topf vorsichtig erhitzen, Zutaten andünsten und danach
¼ l Gemüsebrühe	zugießen, etwa 5 Minuten köcheln lassen. Den Saft
1 Zitrone	zugeben. Die Suppe kalt werden lassen.
1 l Joghurt	auffüllen und mit Mixstab pürieren. Nun mit
Salz, Pfeffer	abschmecken.
1 Bund Dill	klein schneiden. Die Suppe in tiefe Teller füllen und die zurückgehaltenen Gurkenwürfel hineingeben, mit Dill garnieren.

Leinöl und Gurken sind unsere kulinarischen Klassiker. Das Öl beeindruckt durch seinen hohen Gehalt an Linolensäure, einer Omega-Fettsäure, die vor Herzerkrankungen schützt. Leinöl nehme ich vorrangig für kalte Gerichte, aber gemäßigte Temperaturen, etwa beim Dünsten schaden nicht.

Teichwirtschaft in Stradow

Die Burgerin Tina Lindner auf dem elterlichen Grundstück

Schnellgurken

Von Hans-Jürgen Linke aus Fürstlich Drehna

1 kg mittelgroße Einlegergurken	schälen, in Scheiben schneiden – alternativ Kerngehäuse entfernen und wie Senfgurken in Streifen schneiden.
2 Zwiebeln	schälen und in Ringe schneiden.
1 Bund Dill	waschen, schneiden. Die Zutaten mit
6 EL Essig (10%ig)	
3 EL Zucker	
3 TL Salz	
2 TL Senfkörner	
1 TL Pfefferkörner	
1 Lorbeerblatt	
2 bis 4 Pimentkörner	in einen Steintopf geben (oder eine große Schüssel), alles gut einschichten, zugedeckt 1 bis 2 Tage stehen lassen, dabei gelegentlich wenden.

Osterzicklein des Radduscher Bauern Lawecki

Am Seeser Fließ in Raddusch

Gurken-Peperoni-Salat

Von Siegfried Fabeck aus Cottbus

2 Zwiebeln	schälen, reiben und mit
3 EL Mayonnaise	
200 ml Joghurt	
Knoblauchsalz	
Salz, Zucker	zu einer Salatmarinade verrühren.
1 Zitrone	Saft auspressen, dazugeben.
2 Salatgurken	schälen, raspeln, zur Marinade geben.
5 Peperoni	entkernen, in Streifen schneiden, zufügen, vermischen und gut durchziehen lassen.

Gurken-Eismilch

1 Salatgurke (400 g)	schälen, in Stücke schneiden und im Mixer fein pürieren.
12 Eiswürfel	auf 4 Gläser verteilen. Das Gurkenmus mit
¼ l Buttermilch	vermischen, mit
Salz, Pfeffer	abschmecken, in Gläser füllen, mit
4 Zweige Petersilie	garnieren.

Auf einem Burger Bauernhof

Uferbewuchs bei Burg

Spreewaldbauer Karl-Heinz Ricken bei der Kontrolle und Abnahme des Pflanzgutes.

Die Spreewaldgurke

Von Peter Becker

Rein botanisch gesehen zählt die Gurke zu den Beeren, aber darauf kommt wohl niemand beim Anblick dieser grünen Früchte, die sehr unterschiedlich groß werden können. Ihr Anbau ist besonders im wasserreichen Spreewald sehr erfolgreich, denn wie alle Kürbisgewächse ist sie auf Feuchtigkeit und Wärme angewiesen. Der Spreewald mit seinem Kontinentalklima kommt den Ansprüchen dieser Pflanze sehr entgegen. Wahrscheinlich haben die im 7. Jahrhundert vom Osten einwandernden Slawen diese Pflanze mitgebracht und im Spreewald weiter kultiviert. Im 16. Jahrhundert begann dann die Blütezeit der »Spreewaldgurken«, wie sie bald genannt wurden, um sie von anderen, angeblich weniger guten Produkten abzuheben. Mit Bergen von Gurken beladene Kähne landeten in Lübbenau an, dem Zentrum der Verarbeitung oder fuhren direkt nach Berlin, um sie dort auf den Märkten anzupreisen. Diese Fahrten dauerten mehrere Tage und waren sicher sehr strapaziös, aber die Markterlöse müssen wohl vortrefflich gewesen sein, sonst würde man sich wohl kaum solcher Mühen unterzogen haben. Der Bau einer Chaussee und einer Eisenbahnlinie trugen dann Ende des 19. Jahrhunderts zur weiteren Verbesserung der Absatzbedingungen bei und mehrten somit den Reichtum von Erzeugern wie Verarbeitern.

Manuelle Sortierung der Einlegergurken durch Erntehelferinnen.

Es gibt inzwischen zahlreiche Verarbeitungs- und Konservierungsmethoden. Fast jeder Betrieb, meist familiär

Auf dem »Gurkenflieger« liegen 30 Personen nebeneinander und pflücken bäuchlings die Gurken.

geführt, verfügt über spezielle und oft immer noch geheime Rezepturen, die dem jeweiligen Produkt einen unnachahmlichen Geschmack verleihen. Die Gurken kommen als Gewürzgurken, Senfgurken, Saure Gurke, Knoblauchgurken und vielen weiteren bewährten Varianten auf den Markt. Seit 1999 ist die Marke »Spreewaldgurke« auch patentrechtlich geschützt und darf nur von Erzeugern aus dem Wirtschaftsraum Spreewald benutzt werden. Vorher gab es einen fast zehn Jahre anhaltenden »Gurkenkrieg« um den Markennamen, den viele Erzeuger aus dem näheren und ferneren Umfeld des Spreewaldes ebenfalls beanspruchten.

Der Anbau der Gurken erfolgt heute fast nur noch auf Großplantagen, denn die wenigen Kleinbetriebe können die große Nachfrage nicht im Geringsten abdecken. Die Ernte erfolgt dann mit den so genannten »Gurkenfliegern«, wo etwa 30 Personen bäuchlings und rückwärts fahrend die Gurken, meist die kleinen Einlegergurken, ernten. Daneben gibt es noch riesige Gewächshausanlagen, in denen die größeren und anspruchsvolleren Salatgurken geerntet werden.

»Gurkenflieger«

Die Radduscherin Franziska Trautmann

Gurkenmatsche – Stampfkartoffeln und Gurkensalat

Von Eveline Lange aus Spremberg-Terpe und Ruth Richter aus Cottbus

Der Salat

1 kg grüne Gurken	waschen und hobeln – bei uns bleibt die Schale dran. Mit
Salz, Pfeffer, Zucker	
Essig, Öl	abschmecken
1 Bund Dill	waschen, klein schneiden dazugeben und ziehen lassen.

Die Stampfkartoffeln

1 kg Kartoffeln	schälen und in
Salzwasser	garen.
200 g Speck	in Würfel schneiden, in einer Pfanne auslassen.
2 Zwiebeln	schälen, fein würfeln, im Speck anbraten und über die Kartoffeln geben.
200 ml Milch	im Topf erhitzen, zu den Kartoffeln geben und stampfen. Mit
Muskatnuss	abschmecken.

Ein schnelles, kalorienarmes Gericht – man isst den Gurkensalat zu den Stampfkartoffeln. Als Beilage empfehle ich Rührei.

Maiskolben auf einem Suschower Bauernhof

Brühgurken

Von Hans-Jürgen Linke aus Fürstlich Drehna

4 Zwiebeln	schälen, in Ringe schneiden und mit
2,5 kg Einlegergurken	
1 Bund Bohnenkraut	
1 Bund Dill	
½ Bund Estragon	
je 1 EL Senfkörner, Pfefferkörner, Pimentkörner	im Steintopf einschichten. Nun in
5 l Wasser	
250 ml Essig (10%ig)	und
je 150 g Salz, Zucker	auflösen, auf 75 °C erhitzen und über die Gurken gießen, abdecken. Bereits nach 3 Tagen sind die Brühgurken fertig.

Leiper Spreewaldhaus

Singschwanpaar auf einem Teich bei Stradow

Gurken in Meerrettichsoße

Von Rita Kratzert aus Senftenberg

75 g Bauchspeck	würfeln, in einer Pfanne auslassen.
3 große Zwiebeln	schälen, in kleine Würfel schneiden, im Speck goldgelb anschwitzen.
2 große Salatgurken	schälen, entkernen, in Würfel schneiden, dazugeben, mit
Salz, Pfeffer	
Knoblauch	würzen. Im eigenen Saft langsam köcheln lassen.
4 EL Meerrettich (gerieben)	untermischen und
1 EL Zucker	darüber streuen.
¼ l saure Sahne	
1½ EL Mehl	
1 TL Senf	gut verquirlen, unterziehen und nochmals aufkochen lassen.
1 Bund Petersilie	waschen, klein schneiden und darüber streuen.

Reichen Sie dazu Stampfkartoffeln (Rezept Seite 68).

Am Burger Waldschlößchenweg

Weiden bei Raddusch

Saure Gurken

Von Hans-Jürgen Linke aus Fürstlich Drehna

3 kg Einlegergurken	wässern, waschen, abbürsten. Jede Gurke mit einem spitzen Messer beidseitig mehrmals einstechen. Zusammen mit
1 Bund Dill	in einen Tontopf einschichten.
4 l Wasser	mit
200 g Salz	versetzen, aufgießen bis die Gurken gut bedeckt sind.
2 bis 3 Weinblätter	obenauf legen, mit einem flachen Teller beschweren und zugedeckt 3 bis 4 Tage stehen lassen – dann schmecken sie am besten.

Bei sauren Gurken rechnet man 500 Gramm Salz auf zehn Liter Wasser.

Gurkengemüse auf Braumeister Art

1 Salatgurke	waschen, schälen und in gleichmäßige Scheiben schneiden (4 mm).
100 g Mehl	mit
Salz, Pfeffer	würzen und die Scheiben darin wenden. Danach aus
2 Eier	
250 ml Schwarzbier	
Mehl	einen Teig zubereiten und die Gurkenscheiben durchziehen. Die Pfanne mit
Rapsöl	auspinseln und die Gurkenscheiben langsam braten.

Schmeckt zu Hacksteak, Bratwurst und Rouladen.

In Lehde

Die Gurkensaison wird eröffnet

Von Peter Becker

Es geht ziemlich laut zu in der Gurkenabfüllanlage der Firma RABE in Boblitz: Gläser reihen und reiben sich auf endlosen Bändern, überall passiert etwas. Gegen den Lärm schützen sich die Mitarbeiter mit Ohrstöpseln, gegen den allgegenwärtigen Geruch des Gurkengewürzes tut niemand etwas und wird es auch nicht wollen. Dafür riecht es eben auch viel zu gut. Verkaufsleiterin Heidemarie Belaschk: »Das nehmen wir eigentlich nur am ersten Tag wahr, so wie heute, mit dem Start der Abfüllanlagen für die 720 ml-Knoblauchgurken im Glas. Und auf den Geruch als Qualitätsmerkmal allein verlässt sich ohnehin hier niemand, denn Mitarbeiter des Labors und der Geschäftsführung prüfen immer wieder den Geschmack der Gurkenkonserven. Bei Bedarf gibt es geringfügige Veränderungen bei der Zubereitung der Lake oder der Zusammensetzung der Gewürzmischung. Die Rezepturen sind schon sehr alt und werden in unserem Familienunternehmen, welches nun schon im 111. Jahr steht, von Generation zu Generation weitergegeben.«

Gurken, Dill und Zwiebeln kommen aus dem Spreewälder Vertragsanbau, deren Lieferbeziehungen im Laufe vieler Jahre gewachsen sind. »Die so genannten ›kleinen Kräuter‹, wie Fenchel und Thymian«, erklärt Heidemarie Belaschk »werden im firmeneigenen Gelände von der Familie und den Mitarbeitern selbst angebaut.«

Die Tagesproduktion kann schon mal 50 Tonnen betragen, wenn es zur berühmten »Gurkenschwemme« kommt, die aber im Jahr 2009 wohl noch nicht in Sicht ist. Abnehmer für die »Spreewald-Gurken« gibt es überall in Deutschland, aber auch in Kanada, Spanien, Italien und Russland und, ganz neu, in Thailand. »Wir beliefern dort ein Catering-Unternehmen«, erzählt die Chefin stolz.

Überall wuseln die sechzig Mitarbeiterinnen und Mitarbeiter in grünen Kitteln und weißen Häubchen in der Anlage, lesen die eine oder andere Gurke aus und stopfen hier und da mal eine Gurke nach. Nach etwa einer Stunde verlassen die Knoblauchgurken Marke »Spreeliebe« die Abfüllanlagen, um nach einer Reife- und Ruhezeit von mindestens fünf Tagen in den Handel zu kommen.

Befüllen der Gurkenwaschanlage

Gurkengemüse

2 große Gurken	schälen und in Würfel schneiden.
50 g Speck	würfeln.
1 Zwiebel	schälen, fein schneiden. In einer Pfanne
1 EL Öl	erhitzen, Speckwürfel etwas auslassen, Zwiebel und Gurken zugeben, etwa 20 Minuten dünsten. Mit
1 EL Mehl	bestäuben,
¼ l saure Sahne	unterrühren und nochmals kurz aufkochen lassen. Mit
Salz, Pfeffer	abschmecken.
1 Bund Dill	klein schneiden und kurz vor dem Anrichten unterheben oder überstreuen.

Blick in den Gurkenverarbeitungsbetrieb

Gelegentlich müssen noch Gurken per Hand nachgefüllt werden.

Gurkentopf

1½ kg große Gurken	waschen, schälen, wenn notwendig entkernen. Das Gurkenfleisch in Würfel schneiden.
100 g Speck	in Würfel schneiden und mit
2 EL Öl	in eine Pfanne geben, auslassen. Gurken dazugeben und mit
Salz	abschmecken, glasig dünsten.
6 Tomaten	Tomatenauge ausschneiden und die Haut einschneiden, in kochendes
Wasser	geben, Haut abziehen und Fruchtfleisch in Würfel schneiden und zu den Gurken geben.
4 Bratwürste	in Scheiben schneiden, in einer Pfanne mit
2 EL Öl	Anbraten, zu den Gurken geben.
800 g Kartoffeln (gekocht)	in Würfel schneiden, dazugeben. Mit
Salz	
1 Msp. Zucker	
1 EL Essig	abschmecken.
1 Bund Dill	waschen, klein schneiden und über den Gurkentopf streuen.

Steinguttöpfe mit den berühmten Spreewaldgurken

Ferienhaus bei Lehde

Spreewälder Schmorgurken

Von Ingrid Maske aus Forst

4 grüne Salatgurken	schälen, halbieren, Kerne mit Löffel entfernen, in halbe Scheiben schneiden.
100 g Schinkenspeck	in Würfel schneiden, in einer Pfanne anbraten.
2 Zwiebeln	schälen, in kleine Würfel schneiden, im Speck dünsten. Nun die Gurkenscheiben hinzufügen und schmoren lassen, bis sie glasig sind.
4 Tomaten	waschen, Tomatenauge entfernen, in Würfel schneiden und dazugeben. Mit
Salz, Pfeffer, Zucker	
Essig	abschmecken. Zum Schluss
2 EL Mehl	
2 EL Wasser	verquirlen und zum Binden unterrühren.

Das 11. Spreewälder Gurkenkönigspaar Silke I. und Sven I.

Spreewälder Kartoffelsalat

Von Ingrid Maske aus Forst

1½ kg Kartoffeln	kochen, schälen und in Scheiben schneiden.
1 Zwiebel	.
1 mittelgroße grüne Gurke	schälen, in Würfel schneiden.
1 Salzdillgurke	in Würfel schneiden. Alle Zutaten in einer Schüssel vermengen. Mit
2 EL Essig, 1 EL Öl	
je 1 Msp. Salz, Zucker	abschmecken.
2 EL Petersilie (gehackt)	untermischen und den Salat eine Stunde ziehen lassen.

Alter Apfelbaum an der Dubkow-Mühle bei Leipe

Italienische Folkloregruppe bei ihrer Ankunft auf dem Lübbenauer Bahnhof

Kartoffelvariationen

Niemand hätte der Kartoffel diese kulinarische Karriere zugetraut. Als sie gegen Ende des 16. Jahrhunderts nach Europa kam, waren es nicht Köche, die sich mit ihr beschäftigten, sondern Botaniker und Mediziner. Sie wurde kultiviert wegen ihrer schönen Blüten. Man traute der Pflanze jedoch nicht über den Weg und hielt sie für Teufelszeug, denn der Genuss der oberirdischen Pflanzenteile hatte fatale Folgen für die Gesundheit. Vor rund 250 Jahren änderte sich durch die vielen Hungersnöte in Europa die Meinung über die Kartoffel und ihre nahrhaften unterirdischen Knollen.

Pellkartoffeln

1 kg Kartoffeln	in einem Topf mit kochendem
Wasser	sowie mit
Salz, 1 EL Kümmel	ansetzen und 20 bis 25 Minuten kochen lassen. Anschließend das Wasser abgießen und die Kartoffeln pellen.

Petersilienkartoffeln

1 kg Pellkartoffeln	nach dem Garen sofort abpellen.
40 g Butter	in der Pfanne auslasen, darin die Kartoffeln anschwenken.
1 Bund Petersilie	fein schneiden, Kartoffeln damit bestreuen.

Backkartoffeln

12 kleine, neue Kartoffeln	bürsten, halbieren und auf ein mit
20 g Butter	gefettetes Blech legen. Mit
Rosmarin oder Kümmel	bestreuen. Nun auf jede Kartoffelhälfte Butterflöckchen von etwa
80 g Butter	setzen und im Backofen bei 180 °C etwa 40 Minuten backen.

In Boblitz

Kartoffelpuffer à la Ministerpräsident

Im Oktober 2000 kochte ich mit Manfred Stolpe – dem Ministerpräsidenten des Landes Brandenburg – anlässlich der Spreemesse in Cottbus eines seiner Lieblingsgerichte für die Besucher der Messe und für einen guten Zweck.

2 Äpfel	waschen, entkernen und achteln, zur Seite stellen.
850 g Kartoffeln	schälen, mit einer Reibe in eine Schüssel reiben.
2 Zwiebeln	schälen und in sehr feine Würfel schneiden, dazugeben. Die Masse mit
3 Eier	
1 EL Salz	
1 TL Kümmel	und etwas
Mehl	vermengen.
4 EL Rapsöl	mit einem Pinsel in der Pfanne verteilen, erhitzen und jeweils 100 g Kartoffelpuffermasse hineingeben, sehr langsam braten lassen. Apfelstücke auf die Oberseite jedes Puffers legen und dann in der Pfanne wenden und sehr langsam braten.

Reichen Sie Apfelmus dazu.

Wappen am Lübbener Schloss

Sumpfdotterblume bei Straupitz

Pilzpuffer

Weltweit gibt es tausende Pilzarten, wobei 80 Prozent davon giftig sind. Im Spreewald sind rund 30 Pilzarten für den Speisezettel von Interesse, die entweder in freier Natur wachsen oder gezüchtet werden. Besonders unsere Waldpilze, wie Pfifferlinge und Steinpilze, sind sehr beliebt. Pilze bestehen zu 90 Prozent aus Wasser, welches beim Braten abgegeben wird. So gare ich Pilze so kurz wie möglich, damit sie ihren Geschmack und ihre Saftigkeit nicht einbüßen. Ich verwende dabei kaum zusätzliches Wasser, Fond oder Sahne. Ein kurzes Anbraten in Butter oder Öl, bei hoher Temperatur ist meist die beste Zubereitungsweise. Getrocknete Pilze, wie Shii takes, weiche ich vor der Verarbeitung etwa 15 Minuten in Wasser ein. Dabei entsprechen 100 Gramm getrocknete Pilze etwa 600 Gramm frischen Pilzen.

Von Charlotte Rissel aus Cottbus

500 g Kartoffeln	waschen, schälen, in eine Schüssel reiben.
250 g Pilze	putzen, klein schneiden und dazugeben. Falls notwendig mit etwas
Mehl	binden.
1 Ei	unterrühren und mit
Salz	abschmecken. Die Masse löffelweise in einer Pfanne mit heißem
Öl	knusprig braun braten.

Blick auf Raddusch

Paddler im Regen (Spree bei Leipe)

Die Spinnte

Von Peter Becker

An langen Winterabenden traf man sich bei einem Bauern zur Spinnte. Spinnte heißt niederwendisch »pśěza«, oberwendisch »přaza«. Die Mädchen und Frauen des Dorfes verarbeiteten dann allabendlich vom 11. Oktober, dem Burckhardttag, bis Aschermittwoch mit ihren Spinnrädern Schafwolle und Flachs zu Wolle und Garn. In jedem Jahr stellte ein anderer Bauer einen geeigneten Raum, die Spinntestube, zur Verfügung und sorgte für Heizung und Licht, was damals nicht immer ganz einfach war. In den zwölf Nächten nach Weihnachten durfte nicht gesponnen, auch nichts verkauft, ver- oder geborgt werden.

Spinntestube 2008: Die heute meist älteren Damen und Herren(!) treffen sich immer noch in gemütlicher Runde zum Spinnen.

Dorfneuigkeiten, lustige Geschichten sowie Gesang machten die Abende kurzweiliger. Die »Kantorka«, eine Vorsängerin mit vielem Liedgut, übte mit den Mädchen neue Lieder ein, die dann beim Ostersingen, dem Passionssingen, am frühen Sonntagmorgen vorgetragen wurden. Die jungen Männer des Dorfes saßen auch in einer »Spinnte«, spielten dort allerdings meist Karten, sie kamen dann am späten Abend zur Spinnte hinzu und versuchten, die Mädchen mit ihren Neckereien von der Arbeit abzulenken. So mancher Bund fürs Leben soll in der Spinnte seinen Anfang genommen haben.

»In den 1930er Jahren sollen es in Raddusch rund dreißig junge Burschen gewesen sein, die sich allabendlich zum Kartenspiel in der Spinnte zusammenfanden. Als Gegenleistung für die Bereitstellung der Stube, der Feuerung

Spinnte in Bärenbrück (1925)

und des Lichts mähten die Burschen dem Bauern an einem Tag sämtliche Wiesen. Zur letzten Wiesenmahd bestellten sie sich dann eine kleine Musikkapelle, mit der sie nach getaner Arbeit in das Dorf zogen. Sie selbst hatten zuvor ihre Sensen mit einem Strauß aus Wiesenblumen geschmückt. In der Dorfschänke feierten die Burschen den Abschluss der Wiesenmahd mit dem so genannten ›Sensenball‹, zu dem natürlich auch die Mädchen des Dorfes eingeladen waren.

Die Teilnehmerinnen der Mädchenspinnte dagegen halfen der Bäuerin, die ihnen die Spinnstube zur Verfügung gestellt hatte, bei der Kartoffelernte. Schon morgens um drei Uhr trafen sich die Mädchen auf dem betreffenden Bauernhof, frühstückten gemeinsam und begaben sich danach zum Kartoffelfeld. Gegen zehn Uhr gab es Mittagessen. Wie die Burschen ließen sich auch die Mädchen von einer Musikkapelle vom Feld abholen, um anschließend in der Gastwirtschaft ihren ›Kartoffelball‹ zu feiern, an dem auch die Burschen teilnehmen durften. Diese Tradition ist allerdings nach dem zweiten Weltkrieg verloren gegangen.«

Quelle: Radduscher Ortschronik, geführt von Manfred Kliche

Radduscher Spinnte 1918:
Die Frauen tragen wegen der vielen Weltkriegstoten im Ort Kirchgangstracht.

Nach Abschluss der Spinnte traf man sich zum begehrten Gruppenfoto (1934).

Kartoffelgulasch

1 kg Kartoffeln	waschen, schälen und in Würfel schneiden.
3 bis 4 große Zwiebeln	schälen und kleine Würfel schneiden. In einem großen Topf
4 EL Öl	erhitzen, die Zwiebeln darin goldgelb anbraten, die Kartoffelwürfel dazugeben. Mit
Wasser	auffüllen, bis alles bedeckt ist und auf kleiner Flamme etwa 20 bis 25 Minuten köcheln lassen. Mit
Salz	abschmecken.
1 Bund Petersilie	waschen, klein schneiden und vor dem Servieren dazugeben.

Heißt so, obwohl kein Fleisch enthalten ist – es war bei uns ein Arme-Leute-Essen. Meine Sonntags- oder Feiertagsversion enthält etwa 200 Gramm gewürfelten Schinken.

Radwanderer auf dem Weg zur Dubkow-Mühle

In Lübbenau

Bauernfrühstück

800 g Kartoffeln	kochen, in Scheiben schneiden und mit
Öl	in einer großen Pfanne anbraten. Mit
Salz	
1 TL Kümmel	würzen.
1 große Zwiebel	schälen, in Würfel schneiden und dazugeben. Dann
4 Bockwürste	in Würfel schneiden und kurz vor Ende der Bratzeit unter die Kartoffeln mischen. Nun
8 Eier	mit
8 EL Milch	verquirlen, darüber gießen und nicht mehr wenden, fertig garen.
1 Bund Schnittlauch	in Röllchen schneiden und über das Bauernfrühstück streuen.

Der Speicher in Straupitz

Beeren der Eberesche

Schweinefleisch-Gurken-Pfanne

750 g Schweinefleisch von der Nuss	in Streifen schneiden. In einer Pfanne
30 g Butterschmalz	erhitzen, das Fleisch darin Portionsweise anbraten. Mit
¼ l Gemüsebrühe	ablöschen und etwa 40 Minuten köcheln lassen. Nach und nach mit Gemüsebrühe auffüllen. Mit
Salz, Pfeffer	abschmecken.
500 g Salatgurke	schälen, halbieren, mit einem kleinem Löffel das Kerngehäuse entfernen und in Streifen schneiden.
1 große Zwiebel	schälen, halbieren und schneiden. Mit der Gurke etwa 10 Minuten vor Ende der Garzeit zum Fleisch geben und gar ziehen lassen. Mit
175 g Sauerrahm	binden.
1 Bund Dill	waschen, klein schneiden und unterheben.

Dazu schmecken Salzkartoffeln.

Auf der »Unteren Radduscher Kahnfahrt«

Mittelaltermarkt in der Slawenburg Raddusch

Grützwurst und Semmelleberwurst

Von Eveline Lange aus Spremberg-Terpe

4 Grützwürste	
4 Semmelleberwürste	in
1 l Wurstbrühe	zerkochen. Wurstdärme herausnehmen,
200 g Wellfleisch	klein schneiden, dazugeben.
300 g Fadennudeln	darin garen und servieren.

Donnerwetter – Blutwurst gebraten

Von Eveline Lange aus Spremberg-Terpe

Dieses Gericht gab es oft bei meiner Oma. Den Namen »Donnerwetter« erklärte sie so: »Die Blutwurst ist schwarz wie die Gewitterwolken und die Eier sind hell wie ein Blitz«.

500 g Blutwurst	in Scheiben schneiden, in einer großen Pfanne mit
1 EL Butterschmalz	anbraten. Dazu
8 Eier	aufschlagen und unterrühren.

Man isst dazu Pellkartoffeln.

Auf dem Pferderücken den Spreewald erkunden

»Kräutermühle« in Burg

Gefülltes Schweinesteak

Von Christine Kohlstock aus Vetschau

600 g Schweinekamm (ohne Knochen, in Scheiben)	jede Scheibe hauchdünn mit etwas von
40 g Kräuterbutter	bestreichen.
50 g Selleriegrün	
je ½ Bund Petersilie, Dill	klein schneiden, über die Scheiben streuen, in eine Auflaufform geben.
Je 1 Paprikaschote rot, gelb, grün	Stiel flach abschneiden, Kerngehäuse entfernen, waschen in Streifen schneiden.
3 Zwiebeln	schälen, in Ringe schneiden
3 Tomaten	waschen, Tomatenauge entfernen, in Scheiben schneiden
250 g Champignons	putzen, waschen, in Scheiben schneiden. Das Gemüse und die Pilze auf den Fleischscheiben gut verteilen. Mit
Salz, Pfeffer	würzen.
150 g Kräutersahne	mit
⅛ l Wasser	über das Fleisch geben und im Herd bei 1½ Stunden bei 220 °C schmoren lassen. Sofort heiß servieren.

Dieses Gericht lässt sich schnell am Vortag einer Feier zubereiten. Man schiebt es nur eineinhalb Stunden vor dem Essen in den Herd und braucht nicht dabei in der Küche stehen.

Das älteste Haus von Vetschau

Landschaft bei Stradow

Schweinegrillhaxe

4 Schweinshaxen	mit
Salz, Pfeffer	kräftig einreiben. Den Backofen auf 200 °C vorheizen und
⅛ l Wasser	in die Fettpfanne geben. Die Haxen auf dem Rost in den Ofen schieben und 1 Stunde braten lassen. Die Schwarte dabei mehrmals mit
⅛ l Bier	bestreichen. Dann unter dem Grill 1 Stunde knusprig braten, dabei mehrmals wenden.

Dazu Spreewälder Sauerkraut und Landbrot reichen.

Bauernhof am Burger Waldschlößchen

Radduscher Storchennest

Jagderfolge und Jägersprache

Von Peter Becker

Seine Welt sind eigentlich die Motoren. Der gelernte Kfz-Schlosser Willi Schimank (Jahrgang 1944) erinnert sich noch gut an den Tag im Jahr 1970, als er zu einem »Notfall« gerufen wurde. Der Radduscher Tischlermeister Max Petrick hatte ein Problem mit seinem Auto und brauchte dringend professionelle Hilfe. Willi Schimank konnte helfen – und auch zuhören, denn der Tischlermeister war und ist auch ein leidenschaftlicher Jäger, der dem damals noch Ahnungslosen viel von seiner Passion vorschwärmte. Vom Fieber ergriffen, stieg auch Willi Schimank in die Jägerei ein und erlernte bei seinem Vorbild dieses traditionelle Weidwerk. In der Vetschauer Jagdgruppe, in der er sich organisieren musste, teilten sich damals zehn Jäger drei Schrotflinten und eine Kugelwaffe. Ein Waffenausleih war auf 70 Stunden begrenzt, die Munition wurde abgezählt und das geschossene Wild bei der Forstwirtschaft Calau abgeliefert.

In der sozialistischen Planwirtschaft hatten auch die Jäger ihren Soll zu erbringen, lediglich jedes zehnte Tier durfte der Jäger für den Eigenbedarf behalten. Dafür war die Jägerei kostenlos, selbst die Kanzeln wurden von der Forstwirtschaft gestellt. Heute muss der Jäger mehrere tausend Euro investieren, eine Waffe kostet da schon mal 3000 Euro, eine Patrone zwei Euro. Dafür darf er alles geschossene Wild behalten – was allerdings auch wieder ein Problem ist, denn schließlich möchte er das Wild auch vermarkten, um wenigstens einen Teil seiner Kosten zu kompensieren.

Willi Schimank erinnert sich gern an seinen größten Jagderfolg: »Eigentlich wollte ich die Flinte schon einpacken, als ein Bauer mir sagte, dass in einem schmalen Streifen des schon fast vollständig abgeernteten Maisfeldes sich ein Wildschwein befinden muss. Ich konnte mir nicht vorstellen, dass in den paar Reihen noch ein Tier sei und ging eher unlustig dorthin. Kurz davor brach plötzlich ein Riesenkeiler aus dem Mais und rannte unmittelbar an mir vorbei. Erschrocken konnte ich ihm nur noch schnell hinterher schießen – und traf ihn tödlich im Genick!« Die ausgeweidete Sau, wie alle Schwarzkittel in der Jägersprache heißen, brachte 134 Kilogramm auf die Waage. Das war der 3. Platz, eine Bronzemedaille, in der deutschlandweiten Jagdstatistik! »Die großen Maisfelder sind ein Eldorado für die Wildschweine, sie können sich bestens verstecken und brauchen für ihr Futter

Rotwild im Spreewald

eigentlich nichts zu tun! Manche sind schon so fett, dass sie kaum laufen können!«, bringt Willi Schimank das aktuelle Problem auf den Punkt. »Die Schäden sind enorm und die Bauern sind uns dankbar, wenn wir ihnen wenigstens mal ab und zu eine Sau aus dem Bestand schießen, alle kriegen wir sowieso nicht, dazu sind die viel zu schlau, die haben sich bestens auf uns Jäger eingestellt.«

Die Sauen bestimmen sein Jägerleben, Rehe kann und will er eigentlich gar nicht schießen, die sind ihm »viel zu zart und verletzlich und sie machen ja auch keinen solch großen Schaden«. Die Rehe scheinen es auch zu spüren, denn wenn er zum Ankirren fährt, wie das Anlocken mit Futter jagdsprachlich heißt, dann zeigen sie kaum Scheu und laufen auch nicht weg.

Überhaupt ist das Töten von Tieren in manchen Augen gar nicht gern gesehen, aber der Jäger macht nur das, was der Schlächter im Fleischereibetrieb auch macht. »Für Schnitzel und Bockwurst müssen auch Tiere sterben, aber daran denkt ja niemand. Mir fällt das Töten auch nicht leicht, aber seit Anbeginn der Menschheit gibt es Jäger, wir Menschen wären sonst wohl längst ausgestorben. Wenn es uns nicht gäbe, würden die Sauen wohl auch bald in die Siedlungen eindringen und viel Schaden machen. Es gibt ja keine natürlichen Feinde, um den Bestand im Gleichgewicht zu halten. Der Wolf wird nicht so schnell im Spreewald zurückerwartet und der Marderhund ist als Zuwanderer hier nicht gern gesehen.« Jäger Schimank ist mit Leidenschaft dabei, seit Jahrzehnten kontrolliert er täglich sein Revier im Spreewald.

Der Radduscher Jäger Max Petrick erlegte 2008 im Spreewald einen kapitalen Hirsch: Das Geweih wog 7,5 Kilogramm und erhielt eine Bronzemedaille.

Falscher Hase

Fein sind unsere leckeren Hackbraten – einmal mit Gemüse geschmort, in Kraut eingewickelt oder mit würziger Kräuterkruste überbacken – und sind jedem Sonntagsbraten durchaus ebenbürtig. Traditionell wird bei mir im Herbst und Winter Schabefleisch – Tatar – Beefhacksteak angeboten. Ich liebe es, weil ich es aus den Sehnen und fettgewebsarmen Muskelfleisch des Rindes herstelle, aus der Oberschale – dem Rouladenstück. Rindergehacktes stelle ich aus grob entsehntem Rindfleisch her, mit maximal 20 Prozent Fett. Schweinehackfleisch wird bei uns Hackepeter genannt. Ich bereite ihn zu aus grob entfettetem Schweinefleisch mit einem Fettgehalt von maximal 30 Prozent. Für meine Hausspezialitäten, wie gefüllte Rosenkohlrouladen, nehme ich gemischtes Hackfleisch – der Fettgehalt liegt dann bei 20 bis 25 Prozent.

1 kg Schabefleisch	und
600 g Hackepeter	mit
3 Eier	gut vermengen und mit
Salz, Pfeffer	abschmecken. Aus der Masse ein längliches Brot formen.
100 g Speck	in Streifen schneiden und damit den Hackbraten spicken, mit
2 EL Semmelmehl	bestreuen. Das ganze mit
50 g Butterschmalz	in eine Pfanne legen und etwa 45 Minuten bei 180 °C braten. Dabei gelegentlich mit etwas von
200 g saure Sahne	
200 ml Wasser	ablöschen.

In Lübbenau

Feld bei Leipe

Gefüllte Hackfleisch-Bouletten

500 g Hackfleisch (gemischt)	in eine Schüssel geben.
1 Brötchen	in
100 ml Milch	einweichen und ausdrücken.
1 Zwiebel	schälen und in kleine Würfel schneiden.
1 Ei	verrühren, mit den übrigen Zutaten in der Schüssel gut vermengen. Mit
Salz, Pfeffer	abschmecken.
Je ½ Paprikaschote grün, rot	putzen und in Stücke schneiden.
1 Tomate	waschen und vierteln.
50 g Spinat	waschen, putzen und klein schneiden.
50 g Käse	in dünne Scheiben schneiden. Nun die Hackmasse mit nassen Händen zu Bouletten formen und wahlweise mit den vorbereiteten Zutaten füllen. In einer Pfanne
30 g Butterschmalz	erhitzen und die Bouletten darin sehr langsam braten.

Radduscher Mädchen beim Froschkarren

An der »Boblitzer Kahnfahrt«

Kesselgulasch

Von Christoph Schilka aus Guhrow

350 g Rinderschulter	in 1 cm große Würfel schneiden und in einem großen Topf mit
2 EL Öl	anbraten.
5 große Zwiebeln	schälen, würfeln, zugeben.
300 g Weißkohl	schneiden, dazugeben, goldgelb werden lassen.
1 EL Paprika (edelsüß)	darüber streuen. Mit
1 ½ l Rinderbrühe	auffüllen und etwa 50 Minuten köcheln lassen. Inzwischen
200 g Kartoffeln	schälen und in Würfel schneiden.
200 g rote Paprikaschote	in feine Streifen schneiden. Mit den Kartoffelwürfeln zugeben und weitere 20 bis 30 Minuten köcheln lassen. Mit
Salz, Pfeffer	
Kümmel, Majoran, Paprika	abschmecken. Abschließend
100 g Meerrettich	frisch reiben und darunter ziehen.

Paddlergruppe auf der »Radduscher Kahnfahrt«

In Raddusch

Gekochte Rinderbrust im Gemüsebett

Mein Freund der Bio-Bauer Christoph Schilka und unsere Landfleischerei Turnow liefern mir das Rindfleisch und gaben mir viele Ratschläge, die ich immer wieder gern beherzige: »Tue nie kaltes Fleisch in die Pfanne oder auf den Grill – es muss Zimmertemperatur haben. Und denke stets dran, dass Rindfleisch mit zunehmender Bratzeit an Geschmack und Zartheit verliert«. Selbst habe ich die Erfahrung gemacht, das schmackhaftes Rindfleisch zunächst auf den Schnittseiten kräftig angebraten werden sollte, so schließen sich die Poren und kein Saft kann austreten. Seit Jahren setze ich Fett oder Öl nur sparsam ein. Dabei arbeite ich mit einem Pinsel und für Rindfleisch nutze ich auch beim Garen den fleischeigenen Fettanteil.

1 kg Rinderknochen	in einen Topf mit
6 l Wasser	geben, erhitzen.
Je 1 Thymianzweig, Petersilienzweig, Lorbeerblatt	
3 Nelken	
je 5 Wacholderbeeren, Pfefferkörner	dazugeben.
1 Bund Suppengemüse	putzen, in grobe Würfel schneiden, zufügen und zum Kochen bringen.
1 kg Rinderbrust	dazugeben und 2 Stunden köcheln lassen, dabei immer wieder Schaum abschöpfen. Nun das Fleisch aus der Brühe nehmen und warm stellen. Die Brühe durch ein Sieb, in einen Topf gießen – etwa 1 Liter in einen separaten Topf geben.
500 g Kartoffeln	waschen, schälen. Im separaten Topf 20 Minuten kochen, abgießen und warm stellen.
Je 200 g Möhren, Sellerie	putzen und in Würfel schneiden.
1 Stange Porree	putzen und in Ringe schneiden. Gemüsezutaten in den Topf mit dem Großteil der Brühe geben und garen.
1 Bund Petersilie	waschen, klein schneiden, zum Gemüse geben. Mit
Salz, Pfeffer	abschmecken. Das Fleisch in Scheiben schneiden, mit dem Gemüse und Kartoffeln anrichten.

An der Dubkow-Mühle bei Leipe

Zarte Meerrettich-Lende

Von Rita Kratzert aus Senftenberg

750 g Rinderlende	mit
Salz, Pfeffer	und
Öl	einreiben, in
100 g Butterschmalz	anbraten.
3 Zwiebeln	schälen, in Scheiben schneiden, dazugeben, köcheln lassen und nach und nach mit
Wasser	auffüllen.
2 Äpfel	schälen, vom Kerngehäuse befreien und in kleine Würfel schneiden. Sobald die Lende fast gar ist
4 EL Meerrettich (gerieben)	
1 TL Senf	zugeben.
1 EL Mehl	mit
3 EL Kondensmilch	verrühren, dazugeben und die Soße mit
Johannisbeermarmelade	und
Zitronensaft	abschmecken.

Dazu Kartoffelbällchen und Gurkensalat.

Hund beim Spreewaldbad in Raddusch

Ratskeller in Vetschau

Gefülltes Kalbsschnitzel – Cordon bleu

4 Kalbsschnitzel aus der Oberschale (à 150 g)	in jedes Schnitzel eine Tasche einschneiden, flach klopfen. Die Innenseiten mit
1 EL Senf	bestreichen und mit
Salz, Pfeffer	würzen.
4 Scheiben Kochschinken	
4 Scheiben Emmentaler	Je eine zusammengeklappte Scheibe Schinken und Käse in die Schnitzeltaschen geben und mit einer Holznadel zustecken. Schnitzel in
Mehl	wenden.
1 Ei	verquirlen, Schnitzel durchziehen und in
Paniermehl	gut andrücken. In einer Pfanne
2 EL Butterschmalz	erhitzen und die Schnitzel von beiden Seiten jeweils 10 Minuten braten.

Idyllisches Wohnen in Leipe

Folklorefest in Lübbenau

Landbewirtschaftung im Biosphärenreservat

Von Peter Becker

Bedingt durch die Insellage war im Spreewald von je her nur Landwirtschaft im kleinen Maßstab möglich. Das feuchte Mikroklima und die schnelle Erwärmung der humosen Böden sind aber besonders für den Gemüseanbau von Vorteil. Von allen Gemüsearten wird seit Jahrhunderten der Gurkenanbau bevorzugt. Die »Spreewälder Gurke« ist ein Markenzeichen und verfügt über einen hohen Bekanntheitsgrad. Inzwischen werden aber auch in Randlagen des Spreewaldes im großen Umfang Erdbeeren und Spargel angebaut.

Früher waren die Erträge immer stark von den jeweiligen Wetterbedingungen abhängig. Es gab regelmäßig Überschwemmungen, aber auch Trockenjahre, die sogar die Fließe, wie im Spreewald die Wasserarme der Spree genannt werden, austrocknen ließen. Erst die umfangreichen Wasserregulierungsmaßnahmen der

Rinderherde bei Burg

letzten 80 Jahre konnten solche Extreme vermeiden helfen, ganz auszuschließen sind sie aber dennoch nicht.

Im Umfeld des Spreewaldes grasen auf den Wiesen große Rinderherden. Bedingt durch den niedrigen Grundwasserspiegel gibt es fast immer Grünfutter, die Herden können von Weidefläche zu Weidefläche wechseln. Diese Art der Bewirtschaft ist besonders ökologisch, denn es fallen nahezu keine Transportkosten an, weder für Grünfutterschnitt und -transport, noch für die Entsorgung des Dungs – alles geschieht vor Ort.

»Landwirtschaft im Biosphärenreservat Spreewald ist zu allererst Landschaftspflege«, lässt der Radduscher Öko-Bauer Fritz Buchan wissen. »Unsere Rinder sind von mittelgroßem Wuchs, sie sinken also nicht so tief in den manchmal moorigen Untergrund ein und sie sind rassebedingt hornlos. So können sie auch nicht die Rinde von Bäumen verletzen.« Die Biosphärenreservatsverwaltung legt viel Wert auf freiwillige Selbstverpflichtungen der Landwirte. So bekommen diejenigen eine Entschädigungszahlung, die ihre Wiesen für die Heugewinnung später mähen und somit die Bodenbrüter schonen, denn ein späterer Termin geht auch meist mit Qualitätsverlusten des Futters einher.

Bauer Buchan hält die anspruchslose Rinderrasse Deutsch Angus, die ganzjährig in den Koppeln stehen. In jeder Herde befindet sich ein Bulle, so dass auch kontinuierlich für Nachwuchs gesorgt ist. Diese Ammen-Tierhaltung ist für den Bauern wenig arbeitsintensiv, lediglich für Wasser und im Winter zusätzlich für Heu muss Sorge getragen werden. Alle neugeborenen Kälbchen müssen allerdings sofort mit Ohrmarken versehen werden, damit später die Herkunft des Fleisches zurückverfolgt werden kann.

Das Fleisch der Deutsch Angus ist sehr kurzfaserig und als Steak beliebt. Renommierte Hotels und Metzgereien bestellen bei Fritz Buchan dieses begehrte Frischfleisch, welches er in der hofeigenen Schlachterei zubereiten lässt und meist gleich selbst zum Kunden bringt. Im Spreewald gilt Rinderbrust in Meerrettichsoße als Delikatesse, deshalb wird meist im Wochenturnus auch ein Verkauf direkt aus dem Hofladen durchgeführt, den die Einheimischen gern nutzen.

Deutsch-Angus bei Raddusch

Buchweizengrütze mit Rindfleisch

1 l Wasser	zum Kochen bringen,
500 g Buchweizengrütze	dazugeben. Mit
Salz	würzen und zum Quellen in den Ofen stellen. Inzwischen
1 kg Hohe Rippe vom Rind	in einen Topf mit
Wasser	geben, erhitzen.
1 Bund Suppengrün	putzen, schneiden, dazugeben.
1 Zwiebel	schälen, halbieren, jede Hälfte mit einem Teil von
4 Nelken	
2 Lorbeerblätter	spicken, in den Topf geben und weich kochen.
100 g Mehl	in einem Topf mit
100 g Butter	zu einer Mehlschwitze verarbeiten.
200 ml Milch	auffüllen und aufkochen, so dass eine sämige Soße entsteht.
200 g Meerrettich (gerieben)	hinzugeben und verrühren. Die fertige Grütze aus dem Ofen nehmen, auf Teller verteilen und mit Fleischbrühe übergießen. Dazu das gekochte Rindfleisch mit Meerrettichsoße servieren.

Paddeltouristen bei Leipe

Hofkatze vom Leiper »Fischstübchen«

Entenbrust – glasiert mit Honig

Ich verarbeite seit Jahrzehnten drei Entenrassen:

- *Die Pekingente – sie stammt aus China, wird aber weltweit gezüchtet und ist bei uns der Marktführer. Nach etwa acht Wochen hat die Pekingente ein Bratgewicht von 1,8 bis 2,5 Kilogramm.*
- *Unsere freilaufenden Bauerenten brauchen vier Monate für ein Bratgewicht von 2,5 bis 3,5 Kilogramm.*
- *Die Flugente (auch: Moschus-, Warzen- oder Barbieente) ist fleischreicher und nicht so fett, wie die Pekingente. Die Mastzeit beträgt etwa acht bis zehn Wochen – weibliche Tiere erreichen ein Gewicht von ungefähr 1,5 Kilogramm, die männlichen Tiere werden 2,5 bis 3 Kilogramm schwer.*

3 EL Honig	
3 EL Zitronensaft	
Salz, Pfeffer	zu einer Marinade verarbeiten und
2 frische Entenbrustfilets (à 300 g)	damit gründlich einreiben, 2 Stunden ziehen lassen. Entenbrust aus der Marinade nehmen und mit Küchenpapier abtrocknen.
4 EL Öl	in einer Pfanne erhitzen und die Entenbrustfilets auf der Hautseite knusprig braun braten, dann wenden und weitere 5 Minuten braten.
Je 1 Eichblattsalat, Friséesalat, Radicchio	waschen, zupfen, auf 4 Tellern verteilen.
1 große Zwiebel	fein würfeln, in eine Pfanne geben, Bratensaft unterrühren, mit etwas Wasser und
4 EL Apfelessig	ablöschen, in eine Schüssel füllen,
3 EL Zitronensaft	dazugeben.
Öl	mit dem Schneebesen unterschlagen, abschmecken und auf den Salat träufeln. Entenbrustfilets in Scheiben schneiden, auf dem Salat arrangieren, mit
2 EL Kokosraspeln	
60 g rote Johannisbeeren	bestreuen.

Reichen Sie dazu frisches Weißbrot.

Am »Gurkenradweg« bei Lehde

Gebratene Ente

1 fleischige Ente (2,5 kg)	gründlich waschen, Flügel und Hals abschneiden.
2 Äpfel	
1 Zwiebel	schälen und vierteln. Die Ente mit
Salz, Pfeffer	
Majoranzweig, Beifußzweig	einreiben und mit Äpfel und Zwiebeln füllen. Nun die Ente mit der Brust nach unten auf den Rost des Bräters legen, bei 180 °C anbraten, bis etwas Fett ausgebraten ist.
⅛ l Wasser	aufgießen und nochmals eine ½ Stunde braten. Inzwischen Flügel und Hals in einer Pfanne mit
1 EL Entenschmalz	anbraten und mit
⅛ l Wasser	auffüllen, köcheln lassen. Backofen auf 200 °C vorheizen, die Ente wenden und in 1 Stunde gar braten, dabei regelmäßig mit Entenbrühe übergießen. Ente aus dem Bräter nehmen, Füllung herausnehmen, mit Bratenfond verrühren, etwas einkochen und passieren. Die Soße mit
1 EL Stärke	binden, dazu servieren.

Enten bleiben am besten in Form, wenn man mit Hilfe von Dressiernadel und Küchengarn die Beine und Flügel am Körper befestigt.

Auf dem Leiper »Spreewaldhof«

Hühnerfrikassee nach Hausfrauenart

1 Suppenhuhn (1½ kg)	in einen großen Topf geben, mit
Wasser	bedecken, erhitzen.
1 Bund Suppengrün	putzen, schneiden, dazugeben. Mit
Salz	abschmecken, zum Kochen bringen, garen. Die Brühe durch ein Sieb gießen. Das abgekühlte Fleisch in Würfel schneiden. Aus
500 g Hackepeter	kleine Klößchen drehen, in der Hühnerbrühe aufkochen und herausnehmen.
250 g Butter	in einem Topf schmelzen, mit
5 EL Mehl	eine Schwitze bereiten und langsam mit Brühe auffüllen, bis die gewünschte Konsistenz erreicht ist. Mit
Zucker	und dem Saft
1 Zitrone	abschmecken, nochmals aufkochen.
2 EL Kapern	dazugeben.
6 Eier	verquirlen und unterziehen, nicht mehr aufkochen!
500 g Spargel (aus dem Glas)	
400 g Champignons (aus der Dose)	klein schneiden, leicht erwärmen. Die Klößchen, Spargel, Champignons, das Fleisch warm hinzugeben und etwas ziehen lassen.

Wildgänse bei Raddusch

Kürbisernte in Lehde

Edle Stoffe, Schleifenbänder und bestickte Gürtel

Von Peter Becker

Man schrieb das Jahr 1907: Die Radduscherin Frieda Hoppzieg stand vor dem Spiegel und wusste nicht so recht, mit welchen Mitteln sie ihre ohnehin schon üppige wendische Tracht für diesen Sonntag noch aufwerten sollte. Geldsorgen kannte sie dabei nicht, wohl eher Sorgen um eine Aufbesserung ihrer traditionellen Tracht, die einerseits bestimmten Konventionen unterlag, andererseits aber wenigstens im Detail ruhig etwas »frischen Wind« gebrauchen könnte.

Raddusch befand sich damals auf dem Gipfelpunkt seines wirtschaftlichen Aufschwungs. Die großen bäuerlichen Besitztümer, das Handwerk und der Handel mit landwirtschaftlichen Produkten nach Berlin und Cottbus ließen viele Radduscher zu Reichtum gelangen. Dieser Aufschwung wurde durch die Verkehrsanbindung an die Bahn mit dem 1894 eröffnetem Bahnhof und dem damit verbundenen Anstieg des Fremdenverkehrs noch begünstigt.

Und da man sich von den Nachbarn und benachbarten Dörfern unbedingt durch den zur Schau getragen Wohlstand abgrenzen wollte, wurde in Raddusch statt der sonst üblichen Schleifenbänder ein kunstvoll gestickter Gürtel zur Sonntagstracht getragen. Diese Gürtel unterschieden sich in ihrem Aussehen stark voneinander und waren mal mit Perlen bestickt oder aus Gold- und Silberfäden gewirkt. Noch während des Ersten Weltkrieges und auch danach hatten sich Kriegsinvaliden auf das Fertigen von kunstvollen Gürteln spezialisiert und wetteiferten um die schönsten Ausführungen. Erst in den 1930er Jahren zogen die Burger nach und verweisen nun ebenfalls auf eine jetzt aus drei Tüchern gebundene große Haube.

Die teuren Stoffe holte man sich in Berlin, meist bei dem königlich-kaiserlichen Hoflieferanten Herzog. Dies wiederum beschaffte den ehemals vier ortsansässigen Radduscher Schneidern viel Arbeit, denn damals wie heute bestand Frau eben immer wieder mal auf etwas Neuem! Der Radduscher Schneider Wilhelm Klauck war dabei so erfolgreich, dass er seine Trachten an wendische Auswanderer bis nach Amerika lieferte!

Nachstellung einer Kartoffelernte im Spreewald. Die Kartoffeln wurden vom Feld mit dem Kahn auf den heimischen Hof gefahren.

Aber man ging auch schon mit der neuen Zeit. Die Industrialisierung nahm ihren Lauf und die Menschen genossen die so gewonnenen Bequemlichkeiten. Dazu gehörte bei den Männern das Tragen von (oft teuren) Taschenuhren an goldenen Ketten. Dem wollten ihre Frauen natürlich nicht nachstehen, aber wie passt die Uhr zur Tracht? Die einfallsreichen Radduscherinnen flochten aus textilem Material bunte, mit Perlen besetzte Ketten, befestigten daran eine Damentaschenuhr und ließen sie im Träger ihres Rockes in einer kleinen Tasche verschwinden – wohl auch eine Radduscher Besonderheit, die sicherlich bald ihre Nachahmerinnen im Spreewald fand.

Frau Hoppzieg dachte aber immer noch über weitere »Aufputzmöglichkeiten« nach. Da fiel ihr die neue teure und aufwändig gearbeitete Taftschürze auf, die ihr Ehemann von seinem letzten Berlinbesuch mitgebracht hatte. Sie band sie kurzerhand über die schon vorhandene Schürze – und damit war ein neuer Brauch für Raddusch geschaffen: Nur hier sah man nun Frauen mit zwei Schürzen!

Durch die zunehmende Weltoffenheit, den modischen Wandel in der Kleidung und durch das Dritte Reich, das alles Wendische als Nichtarisches abtat, ging

Die Damen und Herren des Heimat- und Trachtenvereins Raddusch präsentieren sich vor Urlaubern und Gästen.

Nachstellung einer Ernteszene.

das Tragen dieser einmalig schönen Tracht im gesamten Spreewald immer mehr zurück. Man ging immer öfter »deutsch«, wie die Radduscher heute noch sagen! Nach dem Ende des Zweiten Weltkrieges hatten die Radduscher in der allgemeinen Not ganz andere Sorgen, die Tracht wurde zu einfachen Kleidungstücken umgearbeitet oder gegen wenig Geld veräußert. Beinahe geriet diese traditionelle Kleidung fast ganz aus dem Blickwinkel. Eine der letzten Frauen, die diese Tracht noch täglich trugen, war die 1979 verstorbene Anna Knappe. Viele Jahrzehnte später besann man sich wieder auf die Trachtentradition, sie wird heute vom Radduscher Heimat- und Trachtenverein wie auch von den anderen Vereinen im Spreewald wieder sehr gepflegt.

Frauen des Radduscher Heimat- und Trachtenvereins bei einem Hafenfest.

Familie Hohmann aus Raddusch

Spreewälder Putenbraten

Grundsätzlich wasche ich Putenfleisch unter fließendem Wasser und tupfe es dann trocken. Mein Grundsatz ist mit Überlegung und Vorsicht zu salzen. Schnitzel salze ich nach dem Braten, größere Teile natürlich zuvor – innen und außen.

Von Rita Kratzert aus Senftenberg

2 Putenkeulen	in 2 Stücke teilen, mit
Salz, Paprika	einreiben, in
2 EL Butterschmalz	von allen Seiten anbraten.
⅛ l Weißwein	mit
1 EL Tomatenmark	verrühren und das Fleisch damit begießen.
2 Zwiebeln	schälen, in Würfel schneiden, dazugeben anschwitzen.
350 g Sauerkraut	klein schneiden, dazugeben, gut verteilen. Nach und nach mit
Wasser	auffüllen und zugedeckt garen lassen.
⅛ l Kaffeesahne	mit
½ EL Mehl	verrühren und sobald das Fleisch gar ist, die Soße damit binden.
1 EL edelsüßer Paprika	zugeben, nochmals aufkochen lassen.
4 halbe Pfirsiche (aus der Dose)	mit
4 EL Johannisbeermarmelade	füllen und mit der Gans anrichten.

In Bischdorf

In Lübben

Gänsebraten

Am 11. November, am Martinstag beginnt in unserer Region die traditionelle Gänsesaison mit einem deftigen Gänsebraten. Ich kaufe frische Gänse von Oktober bis Dezember, bratfertig mit etwa 4,5 bis 5 Kilogramm Gewicht. Gans und Gänserich lassen sich im bratfertigen Zustand nur schwer unterscheiden – sie sind sich im Aussehen und in Größe ähnlich. Die Gans ist ein fetter Vogel mit arteigenem Geschmack. Zur Verarbeitung nutze ich Beifuß, damit der fettreiche Vogel bekömmlicher wird. Eine kalorienarme Gans bereite ich zu, indem ich die dicke Haut beim Braten einsteche, damit Fett ausläuft. Anschließend entfette ich den Bratenfond. Gänse sollte man immer füllen und die Öffnung vor dem Braten mit Küchengarn zunähen. Die Gar-Probe empfehle ich an den Gänsekeulen – bei jungen Gänsen sollte klarer Fleischsaft austreten und bei älteren sollten sich die Keulen bewegen lassen.

1 junge Gans (4 – 5 kg)	innen und außen kalt abspülen, gründlich trocknen, Federreste und Härchen entfernen.
Je 2 EL Salz, Pfeffer (gemahlen)	mischen und die Gans damit innen und außen einreiben, über Nacht im Kühlschrank stehen lassen.
1 Zwiebel	
1 Möhre	schälen und in grobe Stücke schneiden, zur Seite legen.
¼ l Wasser	aufkochen. Die Gans innen mit
1 TL Majoran	ausstreuen, mit Brustseite in eine Pfanne legen, mit etwas
Wasser	übergießen, Zwiebel und Möhre dazugeben. Die Gans in den kalten Backofen stellen und bei 180 °C etwa 1 Stunde anbraten, bis Fett austritt. Die Gans drehen, die Haut unterhalb der Keulen einstechen, damit Fett austritt. Weitere 50 Minuten braten. Nun den Ofen auf 220 °C (Umluft) stellen, die Gans aus der Pfanne nehmen, auf den Rost legen und mit
⅛ l Dunklbier	bepinseln. Wieder in den Backofen schieben, weitere 30 Minuten braten, dabei regelmäßig mit Bier bepinseln, damit die Haut knusprig und braun wird. Anschließend herausnehmen, tranchieren und warm halten. Fett aus der Soße abschöpfen, durch Sieb gießen, aufkochen.

Bauernhof in Lehde

Gänseblut

Von Siegfried Fabeck aus Cottbus

Blut einer Gans	gut verrühren und am besten noch am gleichen Tag verarbeiten.
1 Zwiebel	schälen und in Würfel schneiden, in
1 EL Butter	anschwitzen, das Blut zugießen und stocken lassen.
1 Semmel	in kleine Würfel schneiden und zu dem Blut geben, mit
Salz, Pfeffer	
Majoran	abschmecken.

Dazu schmecken Pellkartoffeln.

In Cottbus

Am Burger Waldschlößchen

Fischerei im Spreewald

Von Peter Becker

Mit seinen über 1500 Kilometer langen Kanälen und Fließen verfügt der Spreewald über eine große Gewässerdichte auf engstem Raum. Der Fischreichtum war früher sprichwörtlich, fast jeder Bauer hat auch ein verbrieftes Fischereirecht, denn fast alle Grundstücke hatten auch direkten Wasseranschluss. Neben der Landwirtschaft war die Fischerei der Grundstock für das wirtschaftliche Überleben der Familien. Jährliche Hochwasser und manchmal schlimme Dürreperioden ließen den einen wie den anderen Zweig manchmal so schrumpfen, dass große Not herrschte. Erst seit der Eindämmung der Deiche und der Errichtung von Stauanlagen, auch besonders im Vorfeld des Spreewaldes, kann der Wasserstand weitgehend reguliert werden. Dafür nahm die Gewässerverschmutzung durch Industrieanlagen zu, so dass viele Fische abwanderten beziehungsweise nicht mehr in ihre angestammten Laichgewässer zurückkehrten. Erst in neuerer Zeit werden wieder Fischtreppen und ähnliche Vorrichtungen in die Stauanlagen eingebaut, so dass zum Beispiel die Quappe vom Norden her wieder zum Ablaichen in den Spreewald gelangen kann und es erfreulicherweise auch tut.

Die Fischer haben sich ebenso wie die Angler an Mindestmaße und Schonzeiten zu halten, der einzige Unterschied zwischen beiden besteht darin, dass der eine eben mit dem Netz und der andere mit der Angel fischt. Und dass der Angler beim Fischer eine Berechtigungskarte für den Spreewald kaufen muss, denn anders als der Fischer kümmert sich der Spreewaldangler ja kaum um Besatzmaßnahmen, er beteiligt sich lediglich durch diese Gebühr daran.

Die Fischer bedienen sich der verschiedensten Fangmethoden. Beliebt sind die Reusen- und die Stellnetzfischerei. Bei letzterer werden die Fische oft auch mit der Blumbawa – das ist Wendisch und benennt eine Art Stange zum Aufscheuchen der Fische – aus ihren Verstecken getrieben. Während der Schonzeiten aber, die nicht für Weißfische gelten, ist nur die »stille Fischerei« erlaubt. Der Fang dient lediglich dem Eigenbedarf des Fischers und seiner Familie, er darf nicht veräußert werden. Anders ist das natürlich bei der Berufsfischerei, die ja ausschließlich zu diesem Zweck fischt.

Schaufischen im Spreewald: Verbandsfischer stellen die verschiedenen Fangmethoden vor.

Aal in Bier

Von Charlotte Rissel aus Cottbus

1 Aal	ausnehmen, abziehen, in Portionsstücke schneiden.
1 Zwiebel	schälen, klein schneiden, in
¼ l Bier	
⅜ l Wasser	
⅛ l Rotwein	geben, erhitzen.
1 Lorbeerblatt	
Salz	zufügen und aufkochen, Aal zugeben und 15 Minuten kochen, dann die Brühe durchseihen.
2 EL Kartoffelmehl	in
2 EL Wasser	anrühren, die Brühe damit binden, nochmals aufkochen und servieren.

Der Verbandsvorsitzende Heinrich Harting von der »Gemeinschaft wendisch/sorbischer Spreewaldfischer Burg und Umgebeung e.V.« bei der Stellnetzfischerei am Burger Waldschlösschen (2009).

Fischereihelfer mit Silberkarpfen

Fischfilet auf Spreewälder Art

Von Rita Kratzert aus Senftenberg

1250 g Fischfilet	mit dem Saft
1 Zitrone	marinieren.
3 Möhren	putzen und in Streifen schneiden.
½ Sellerieknolle	putzen und in Würfel schneiden.
2 Stangen Porree	Wurzel abschneiden, kräftig waschen, in Ringe schneiden.
4 Zwiebeln	schälen, in Scheiben schneiden. Gemüsezutaten in einer großen Pfanne mit
4 EL Öl	anschwitzen und
1/8 l Wasser	zugießen, etwa 5 Minuten dünsten lassen. Auf das Gemüse den marinierten Fisch geben.
¼ l saure Sahne	mit
1½ EL Speisestärke	verrühren und übergießen. Das Ganze etwa 10 Minuten gar ziehen lassen. Den Fisch herausnehmen und auf einer Platte anrichten. Das Gemüse nochmals aufkochen lassen.
1 Salatgurke	schälen, in Würfel schneiden, zum Gemüse geben.
Je 1 Bund Petersilie, Dill	waschen, schneiden, untermischen, mit
Salz, Pfeffer	abschmecken.

Auf einer Kremsertour durch den Spreewald

Blockhaus in Lehde

Fischfilet mit Apfelweinsoße und Preiselbeeren

Die Soße

150 g Zwiebeln	schälen, würfeln.
2 EL Butter	zerlassen, Zwiebelwürfel anschwitzen. Mit
Salz, Pfeffer	würzen, mit
¼ l Apfelwein (trocken)	und
1½ EL Zitronensaft	auffüllen und so lange köcheln lassen, bis die Zwiebelwürfel ganz weich sind.
2 EL Fischfond	zugeben, kurz köcheln lassen, pürieren. Nun
4 EL Crème fraîche	einrühren.

Das Fischfilet

4 Fischfilets (à 130 bis 150 g)	mit
2 EL Zitronensaft	marinieren und mit
Salz, Pfeffer	würzen. Eine Seite der Filets mit
2 EL Senf	bestreichen, diese Seite in
6 EL Semmelmehl	drücken und mit
3 EL Preiselbeeren	belegen.
4 EL Öl	und
2 EL Kräuterbutter	in der Pfanne erhitzen und die Fischfilets auf der panierten Seite etwa 5 Minuten anbraten, umdrehen und nochmals 3 Minuten braten. Fischfilets auf Teller setzen, Apfelweinsoße angießen. Restliche Preiselbeeren im Bratenfett erwärmen und vor dem Anrichten darüber geben.

Reichen Sie dazu Kartoffelpüree und frischen Blattspinat.

Paddlergruppe auf der Spree bei Burg-Kolonie

Peitzer Karpfenfilet in saurer Sahne

1 Karpfen 1,2 kg	säubern und filetieren. Die Filets werden dann von der Seite, welche sich an der Gräte befand, lamellenförmig eingeschnitten. Somit wird die unangenehme Y-Gräte zerschnitten. Eine Form mit
1 EL Butter	einfetten, Filets mit der Hautseite nach unten einlegen und mit
100 ml Weißwein	
Salz, Pfeffer	marinieren.
500 g Zwiebeln	schälen, in Scheiben schneiden und mit
2 EL Butter	in der Pfanne hell anschwenken, dann auf die Filets geben.
80 g Tomatenketchup	darüber geben.
200 g saure Sahne	darüber geben.
2 EL Butter	auflegen.
1 Msp. Rosenpaprika	überstreuen. In die Röhre geben und bei 175 °C garen.
1 Bund Petersilie	waschen, klein schneiden und über die Filets streuen.

Der Karpfen ist gar, sobald sein Fleisch milchig weiß aussieht und sich die Rückenflosse leicht vom Körper entfernen lässt.

Seerosen bei »Kaupen Nr. 6« in Lehde

Schloss Lübbenau

Abfischen am Stradower Angelteich

Von Peter Becker

Die Strecke ist gelegt und wird fachmännisch begutachtet.

»Jahrelang haben die Angler sich ihre Fische angefüttert, nun sollen sie wirklich auch mal was davon haben!« Der Stradower Fischer Steffen Hillwig hat den Angelteich abgelassen und den Anglern gestattet, gegen eine kleine Nutzungsentschädigung je vier Edelfische zu Keschern. Bei einem Gewicht von 20 bis 30 Kilogramm je Fisch eine beachtliche Menge, so mancher Fahrradanhänger stieß da schnell an seine Belastungsgrenzen. Der größte Fisch war ein 34 Kilogramm schwerer Marmorkarpfen, gefolgt von einem Wels (21 kg), einem Zander (12 kg) und einem Schuppenkarpfen (6 kg). Günter Müller aus Zerkwitz holte einen armdicken Aal aus dem Schlamm und Sebastian Laqua aus Vetschau freute sich über einen Marmorkarpfen, den er 30 Kilogramm schwer schätzte. Der Stradower Janusz Wedmann hatte mit einem eben so dicken Fisch zu kämpfen, der Kescher war fast zu klein dafür. Schwer durch den zähen Schlamm watend, zog er den Fisch hinter sich her ans Ufer. Familie Matzk aus Werben erschien zu viert, theoretisch wären 16 Fische drin gewesen, praktisch blieb man darunter, der Pkw-Anhänger war ohnehin schon voll!

»Solche großen Fische habe ich noch nie gesehen!« »Wer soll die bloß alle essen?« »Die passen ja in keine Tiefkühltruhe!« Solche Aussagen, meist von den Ehefrauen, waren ständig zu hören.

Über einhundert Männer zog es wieder und wieder in den Teich, sie folgten wohl einem ganz urtümlichen Jagdtrieb und filterten das restliche Teichwasser durch ihre Kescher. Der nasskalte Dezembertag tat der Volksfeststimmung keinen Abbruch – im Gegenteil: Mit Glühwein, Fischsuppe und Bockwurst sowie einem wärmenden Lagerfeuer wurde das freudige Ereignis gefeiert.

Besatz der Stradower Teiche mit Armurkarpfen

Salzhering – gebraten

Von Irmgard Hoblisch aus Cottbus

500 g Salzheringe	auswässern, filetieren und in etwa 4 cm große Stücke schneiden.
1 große Zwiebel	schälen und in kleine Würfel schneiden. In einer großen Pfanne
1 EL Leinöl	erhitzen und die Zwiebel glasig braten, den Fisch dazugeben.
1 Lorbeerblatt	
4 Pimentkörner	
1 Msp. Pfeffer	unterrühren, 3 Minuten durchbraten.
2 EL Mehl	darüber streuen und
300 ml Milch	langsam unter Rühren hinzufügen, nochmals aufkochen und fertig. Es muss eine sämige Mischung ergeben.

Dazu reicht man Stampf- oder Salzkartoffeln.

Die Leiper Dubkow-Mühle

Saurer Hering

Von Hans-Jürgen Linke aus Fürstlich Drehna
»Eines meiner Lieblingsrezepte aus der Sammlung meiner Großmutter.«

5 mittelgroße Zwiebeln	schälen und in Scheiben schneiden, in
Wasser	mit
100 ml Essig (10%ig)	
3 Lorbeerblätter	
8 Pimentkörner	
12 Pfefferkörner	aufkochen.
500 g Matjesfilets	in Streifen schneiden, in eine Schüssel geben und mit dem abgekühlten Aufguss vermengen. Eine Nacht stehen lassen.
5 Spreewälder Gewürzgurken	raspeln und untermischen.
¼ l saure Sahne	und
1 EL Leinöl	dazugeben. Vor dem Servieren die Gewürze herausnehmen.

Dazu schmecken Pellkartoffeln.

Feldbestellung in Burg-Kolonie

»Milena« und Stephanie Hohmann

Karpfen auf Spreewälder Art

Von Rita Kratzert aus Senftenberg

1 Karpfen (bis 2 kg)	säubern, ausnehmen, schuppen, längs halbieren, in Portionsstücke teilen. Von beiden Seiten leicht mit
Salz	würzen und etwa 30 Minuten kühl stellen.
4 EL Butterschmalz	in einer großen Pfanne erhitzen.
2 Möhren	putzen, raspeln, in die Pfanne geben.
¼ Sellerie	putzen, würfeln dazugeben.
1 Stange Porree	Wurzel abschneiden, gründlich waschen, in Ringe schneiden, in die Pfanne geben.
1 Zwiebel	schälen, in Scheiben schneiden, dazugeben, dünsten. Mit
2 Lorbeerblätter	
Pfeffer	würzen und nun die Karpfenstücke darauf geben. Mit
¼ l Wasser	auffüllen, zugedeckt aufkochen lassen.
200 ml Weißbier	zugießen und etwa 20 Minuten gar ziehen lassen.
¼ l Buttermilch	
¼ l saure Sahne	mit
2 EL Mehl	verquirlen, diese Mischung kurz vor Ende der Garzeit unterrühren,
2 Bund Petersilie	waschen, klein schneiden dazu geben und nochmals aufkochen lassen.
2 EL Butter	als Flöckchen oben aufsetzen, servieren.

Auf gleiche Art wird Hecht in Spreewaldsoße zubereitet.

In Bischdorf

Fisch des Lebens

Von Peter Becker

Der Leiper Spreewaldfischer Bernd Konzack (57) ahnte nichts Gutes, als er seine Reuse, einen Gorsack, aus der Hauptspree holen wollte. Das Gewicht ließ wieder mal auf Unrat oder ähnliches schließen, aber dann kam plötzlich Bewegung ins Netz: »Solch einen Kopf habe ich noch nie gesehen, das Riesenmaul....!« Fischer Konzack ist immer noch erregt, denn dieser Fisch ist für ihn der berühmte »Fisch des Lebens«, den jeder Fischer eben nur einmal fängt. Mit seinen 1,10 Meter und 11,4 Kilogramm Gewicht ist der Hecht mit Sicherheit ein Rekordfisch, der in dieser Größe meist nur in den Brackgewässern der Ostsee gefangen wird. Der bestehende Rekord aus dem Jahr 1995 (1,24 Meter, 15 Kilogramm) wurde damit nicht gebrochen, aber er dürfte sich in die 2009er Rekordliste gut einordnen. »Den Kopf lasse ich natürlich präparieren, der Rest kommt wohlproportioniert in die Tiefkühltruhe!« Den Kopf will er dann einer Leiper Gaststätte zur Verfügung stellen.

Der Leiper Fischer Bernd Konzack hatte 2009 einen Rekordhecht in der Reuse: 1,10 Meter lang und 11,4 Kilogramm schwer.

Hecht in Sahne-Pfeffer-Soße

Von Rita Kratzert aus Senftenberg

1½ kg Hecht	säubern, in Hechtscheiben à 250 bis 300 g portionieren. Mit
1 EL Salz	bestreuen und mit
3 EL Zitronensaft	beträufeln.
75 g Butterschmalz	in einer Pfanne zerlassen, die Hechtscheiben hineinlegen, mit
1 EL Pfefferkörner	bestreuen, von beiden Seiten gut anbraten.
2 Lorbeerblätter	hinzufügen.
2 Zwiebeln	schälen, würfeln, dazugeben und hell anbraten.
⅛ l Weißwein	und
3 EL Kapern	dazugeben. Die Hechtscheiben gelegentlich wenden.
¼ l saure Sahne	mit
1 EL Mehl	
1 EL Meerrettich (gerieben)	verrühren und über den Fisch gießen. In der Ofenröhre etwa 30 Minuten fertig garen. Zum Schluss mit
2 EL Semmelmehl	bestreuen und leicht überkrusten lassen.

Die Schinkel-Kirche in Straupitz

Landschaft bei Lehde

Wels überbacken

1 bis 1½ kg Welsfilets	in große Würfel schneiden. Eine Auflaufform mit
20 g Butter	ausstreichen, die Filetwürfel hineingeben, mit
Salz, Pfeffer	würzen und mit
2 EL Zitronensaft	beträufeln. Nun
750 g Tomaten	
200 g Schinken	würfeln und darüber streuen. Dann
400 g Sauerrahm	
2 EL Stärke	verrühren und darüber gießen.
50 g Emmentaler	würfeln und
30 g Butter	im vorgeheizten Backofen stellen und etwa bei 180 °C etwa 30 Minuten backen.

Forelle in Bier

2 Zwiebeln	schälen und in Ringe schneiden, mit
½ l Wasser	
1 l Bier	
4 Gewürznelken	
8 Pfefferkörner	
2 Lorbeerblätter	
4 Wacholderbeeren	in einem Topf zum Kochen bringen und den Sud 15 Minuten stehen lassen.
4 küchenfertige Forellen	unter kaltem Wasser abspülen, je nach Größe etwa 15 Minuten in dem Sud bei geringer Hitze köcheln lassen.

Dazu schmecken Dillkartoffeln mit Butter und ein grüner Salat.

In Lehde

Gefüllter Zitronenkarpfen

Seit 1995 arbeite ich mit der Peitzer Edelfisch GmbH zusammen. Den Karpfen bezeichnet man hier auch liebevoll als »Wasserschwein«. Betrachtet man den Futterquotienten, so ist der Zuwachs beim Karpfen pro Kilogramm Futter doppelt so hoch, als beim Schwein. Zur Peitzer Edelfisch GmbH gehören insgesamt 60 Teiche mit 1500 Hektar Wasserfläche. Rund 100 Tonnen Karpfen werden hier jährlich erwirtschaftet. Das Abfischen beginnt Anfang September und endet im November. Jedes Jahr werden die Teiche mit Karpfen neu besetzt. Die Aufzucht des Karpfen beträgt drei Jahre. Außerdem werden in Peitz ungefähr 150 Tonnen Forellen, Wels, Zander, Hecht, Barsch und Störe produziert.

1 Karpfen (1 ½ bis 2 kg)	säubern und mit
Salz, Pfeffer	würzen.
2 Zitronen	in Scheiben schneiden und den Bauch des Karpfens damit füllen.
Je 1 Bund Dill, Petersilie	hineingeben und mit Küchengarn zunähen. Mit
50 g Butter	eine Pfanne ausstreichen, Karpfen hineinlegen, mit dem Saft
1 Zitrone	beträufeln und bei mittlerer Hitze 50 bis 60 Minuten garen. Nach der Hälfte der Garzeit mit
¼ l Weißwein	übergießen. Karpfen herausnehmen und die Soße zubereiten. Dafür
200 g Crème fraîche	unterrühren, mit
Dill, Petersilie	
Zitrone	verfeinern und abschmecken. Karpfen in der Pfanne servieren, die Soße separat dazureichen.

Da der Karpfen beim Garen leicht auslaugt, nehme ich wenig Flüssigkeit.

Spreewälder Blütenpracht

Lübbenauer Karpfen in Aspik

Von Rita Kratzert aus Senftenberg

1 Karpfen (bis 2 kg)	ausnehmen, schuppen, längs teilen, in Portionsstücke (à 150 g) schneiden. Von beiden Seiten mit
Salz	würzen und mit dem Saft von
2 Zitronen	beträufeln. Etwa 30 Minuten kühl stellen und durchziehen lassen. Die marinierten Karpfenstücke in
6 EL Öl	heiß anbraten, dabei immer begießen, auf einem Sieb abtropfen und etwas abkühlen lassen. Nun mit
5 Lorbeerblättern	
4 EL Kapern	in einen Steintopf schichten.
1 Zwiebel	schälen, in feine Streifen schneiden, mit dem Kopf des Karpfens und mit
½ l Essig	
½ l Wasser	
15 Pfefferkörnern	
5 Nelken	
1 EL Senfkörner	
1 Msp. Salz	etwa 40 Minuten kochen, anschließend etwas abkühlen lassen.
1 Pck. Speisegelatine (15 g)	vorquellen, einrühren und den fast abgekühlten Sud über die Karpfenstücke geben. Nach dem Erkalten den Topf mit Folie schließen, kühl stellen. So ist der Karpfen etwa 10 Tage haltbar.

Dazu schmecken Bratkartoffeln und Sahnemeerrettich.

Silberreiher auf dem Radduscher Kossateich

Spreewälder Silvester Karpfen

Fische haben einen großen Vorteil gegenüber den Säugetieren – sie durchlaufen nicht den typischen Alterungsprozess. Das Fleisch bleibt bei älteren Fischen weiterhin schmackhaft.

4 Portionen Karpfen-Filets (400 g)	mit
2 EL Zitronensaft	beträufeln, mit
Salz, Pfeffer	würzen. Eine feuerfeste Form mit
40 g Butter	ausstreichen, Filets hineingeben. Nun
⅛ l Tomatenketchup	mit
2 EL Meerrettich (gerieben)	vermengen und über die Filets gießen.
2 Zwiebeln	schälen, in Ringe schneiden, obenauf geben.
2 Gewürzgurken	in Würfel schneiden, darüber geben. Mit Flocken aus
60 g Butter	belegen und bei mittlerer Hitze im Backofen 15 bis 18 Minuten garen.

Kahnkorso anlässlich des Lübbenauer Spreewaldfestes

In Burg

Peitzer Karpfenragout

Die Kiemen des Karpfens müssen beim Einkauf deutlich rot sein. Ein lebender Karpfen sollte beim Kauf noch munter sein, also weder auf der Seite, noch mit dem Bauch nach oben schwimmen.

Von Rita Kratzert aus Senftenberg

1 Karpfen (bis 2½ kg)	säubern, Kiemen entfernen, Flossen beschneiden, schuppen, längs teilen und filetieren. Das Filet in 3 cm große Stücke schneiden. Mit
Salz, Pfeffer	
1 Lorbeerblatt	würzen.
Je 1 Bund Dill, Petersilie	waschen, schneiden, überstreuen und 2 Stunden ziehen lassen.
6 Zwiebeln	schälen, in große Würfel schneiden und in einer Pfanne mit
5 EL Öl	goldgelb anschwitzen.
500 g Senfgurken	in Würfel schneiden, dazugeben, alles gut durchschwenken und zusammen mit den Karpfenstücken 5 Minuten köcheln lassen. Mit
2 EL Mehl	bestäuben.
⅛ l Sahne	
¼ l saure Milch	auffüllen und kurz aufkochen, zugedeckt noch 15 Minuten stehen lassen.
¼ Stange Meerrettich	grob reiben und damit garnieren.

Farbenpracht im März

Die Leiper »Dubkow-Mühle« im Frühling

Quappenfischerei im Spreewald

Von Peter Becker

Die beiden erfahrenen Leiper Spreewaldfischer Herbert Konzack und Günter Buchan haben sich an diesem Wintertag bei leichtem Schneefall aufgemacht, ihre Reusen in der Spree und im Leiper Graben zu kontrollieren. »Jetzt, im tiefsten Winter, ziehen die Quappen zu ihrem Laichgebiet. Sie benötigen kühle Temperaturen und einen kiesigen Grund zur Eiablage, den sie weiter flussaufwärts im Burger Raum finden. Noch vor wenigen Jahren wäre die Quappenfischerei ein aussichtsloses Unterfangen gewesen«, erzählt Günter Buchan. »Erst durch den Einbau von Fischtreppen an den Schleusen in jüngster Zeit ist der Fisch wieder in der Lage, zu seinen Laichplätzen zu wandern.«

Die Quappe war bis zur Zunahme der Gewässerverschmutzung, der Temperaturerhöhung durch Kraftwerkseinleitungen und den Verbauungsmaßnahmen an den Schleusen der Brotfisch des Spreewaldes schlechthin. Zu Tausenden wurde er gefangen, es gab kein Mindestmaß und keine Schonzeit für den Laichräuber. Man hört auch immer wieder, dass er früher wegen seines Fettgehaltes getrocknet als Kienspan oder als Fackel verwandt wurde. Die Quappe, im norddeutschen Raum auch Quappaal genannt, gehört zur Familie der Dorschartigen und ist der einzige im Süßwasser lebende Vertreter. Sie kommt im Spreewald in einer getigerten und in einer schwarzen Farbvariante vor und kann bis 1,50 Meter lang und 30 Kilogramm schwer werden, meist wird sie aber bei einer Länge von 30 bis 40 Zentimeter gefangen. »Die Quappe ist sehr wohlschmeckend, besonders auch ihre Leber. Sie hat kaum Gräten und wird im Spreewald sauer eingelegt und kommt dann ähnlich dem Aal in Aspik auf den Tisch«, weiß Fischer und Fischkoch Günter Buchan zu berichten. »Wir fangen nicht nur diese Fische, wir haben auch für viele Tausend Euro Besatzfisch erworben und im Spreewald eingesetzt und das schon mehrmals«, erzählt Herbert Konzack. »Im Winter ist es der einzige Fisch, der aktiv ist und deshalb auch den Fischer manchmal einen schönen Fang beschert, manchmal aber auch leere Reusen. So ganz genau wissen wir immer noch nicht, wann die Quappe denn nun zieht und wann nicht. Meist schieben wir es auf den Vollmond – das Eine

Zwei kleinere Vertreter dieser Art sind ins Netz gegangen, werden aber wegen Untermäßigkeit sogleich ins nasse Element zurück gesetzt.

wie das Andere«, bringt Konzack die Erkenntnisse über die Quappe auf den Punkt. Er drückt damit auch aus, dass mindestens eine Fischergeneration fehlt, die das Wissen über die Quappe hätte weitergeben können. Nun heißt es, durch genaueste Beobachtungen wieder von vorn anzufangen. Um die Bestände zu schützen, gilt ein Fangverbot vom 1. Januar bis zum 15. Februar, das Mindestmaß beträgt 30 Zentimeter.

Die Quappenfischerei wird im Winter betrieben, wenn die Tiere zu ihren angestammten Laichplätzen ziehen.

Quappenfischer Herbert Konzack beim Einholen der Reuse auf der Leiper Spree.

Holländische Soße
(ergibt einen halben Liter Soße)

3 EL Wasser	
3 EL Weißwein	in einen kleinen Topf geben.
3 Zwiebeln	schälen und klein schneiden, dazugeben, erhitzen.
1 TL Pfefferkörner (weiß)	zerdrücken, dazugeben und so lange kochen lassen, bis zwei Drittel der Flüssigkeitsmenge eingekocht sind. Dann passieren und erkalten lassen.
500 g Butter	sehr langsam erhitzen, darf nicht braun werden. Oben setzt sich nun klares Butterfett ab, unten die Molke, die weiter verwendet werden kann. Nun
8 Eigelb	in die Reduktion geben, im Wasserbad bei 65 °C cremig aufschlagen, warmes Butterfett tröpfchenweise unterschlagen. Mit
Zitronensaft	
Salz	abschmecken.

Viola Grabitz beim Waschtag im Spreewald, nachgestellt vom Radduscher Heimatverein

In Lübbenau

Dillsoße nach Spreewaldbäuerinnen Art

Von Rita Kratzert aus Senftenberg

2 Stangen Porree	Wurzel abschneiden, kräftig waschen, in Ringe schneiden, in
2 EL Butter	andünsten und mit
3 EL Mehl	bestäuben, durchschwitzen lassen. Mit
½ l Buttermilch	auffüllen und zu einer sämigen Soße verkochen. Mit
Salz, Pfeffer, Zucker	abschmecken.
2 Bund Dill	waschen, klein schneiden und dazugeben, kurz durchziehen lassen.

Schmeckt zu gekochtem Rindfleisch, Fisch und zu Fleischklößchen.

Lutki-Senf

300 g Senfmehl	
750 ml Apfelessig	gemeinsam kochen.
2 EL Zucker	
1 TL Salz	und
Pfeffer	mit den Zutaten vermischen. Im Topf solange rühren, bis der Senf kalt wird, dann in Gläser abfüllen.

Löwenzahnwiese bei Neu Zauche

In Lübben

Leinöl

Von Peter Becker

»Leinöl – das ist Schmiere für die Ewigkeit!« Schon Ehm Welk (»Die Heiden von Kummerow«) erkannte den gesundheitlichen Wert dieses aus den Samen der Flachspflanze gewonnenen Öls. Die uralte Kulturpflanze diente und dient in erster Linie der Herstellung von Textilien, dem Leinen. In den Samenkapseln der wertvollen Pflanze sind je zehn bräunlich, glänzende Körner enthalten. Sie können bis zu 40 Prozent Öl enthalten. Das Öl lässt sich hervorragend als Rohstoff in der Farbchemie einsetzen, aber viel wichtiger und auch wertvoller ist es für die menschliche Ernährung. Erstaunlicherweise hat es nur regionale Bedeutung: Fast nur in der Lausitz, im früheren Schlesien und im Berliner Raum ist es bekannt und wird es genutzt. In anderen Ländern wie Frankreich und Portugal ist es noch nicht als Lebensmittel zugelassen, da es eine Blausäure ähnliche Verbindung enthält. Sicher spielt der etwas andere Geschmack, an den man sich erst gewöhnen muss, auch eine Rolle.

Es gibt auch in der Lausitz Menschen, die es zwar kennen, aber es doch oft nur als Anstreichmittel verwenden (Firnis), andere wiederum vergöttern das Öl gerade wegen des anderen Geschmacks und sicher auch wegen seiner großen gesundheitlichen Bedeutung. So zum Beispiel enthält es 55 Prozent der dreifach ungesättigten Omega-3-Fettsäuren, das Sonnenblumenöl enthält dagegen nur 1 Prozent. Leinöl senkt nachweislich die Blutfettwerte, wirkt gegen Arteriosklerose und mindert das Infarktrisiko. Allerdings ist es nicht sehr lange haltbar, es verändert unter Luftzufuhr seinen Geschmack und wird leicht bitter. Im Tiefkühlfach dagegen kann es sehr lange aufbewahrt werden. Anders als Wasser dehnt es sich beim Frieren nicht aus, die Flaschen werden nicht zerstört.

Man unterscheidet zwei Herstellungsverfahren, das Kaltpressverfahren und das Warmpressverfahren. Das erstere gilt als das schonendere, aber die Blausäure ähnlichen

Schritte der traditionellen Leinölherstellung

Bitterstoffe bleiben erhalten; beim zweiten Verfahren werden diese Bitterstoffe weitgehend zerstört. Im Spreewald und der Lausitz wurde das Leinöl immer mit dieser Warmpressmethode hergestellt, heute nur noch in Straupitz. Beim Kaltverfahren wird das Öl mittels einer Spindelpresse aus dem Samenkörnern herausgedrückt, bei der Warmpressung mittels Stempelpresse. Nach dem Pressen bleibt der so genannte Leinkuchen zurück, ein immer noch hochwertiges Nahrungsmittel, denn er besteht zu 25 Prozent aus Eiweiß, enthält viel Vitamin E und wertvolle Ballaststoffe. Man kann es als Futterzusatz für Tiere ebenso verwenden wie als Zusatz beim Brotbacken und im Müsli. Allerdings bekommt man es nicht im Handel, sondern nur beim Hersteller.

Die Holländerwindmühle in Straupitz ist wohl die letzte in Deutschland, die das Leinöl nach dem jahrhundertealten Verfahren herstellt, dort kann man das Öl und eben auch den Ölkuchen direkt aus der Presse bekommen – frischer geht es nicht! In der Straupitzer Mühle wird der angefeuchtete Leinsamen bei etwa 60 Grad Celsius unter ständigem Rühren »geröstet«, anschließend in schwere Stahlformen verbracht, um dann in der Presse bei 300 bar Druck das Öl zu gewinnen. Dieses mit körperlicher Schwerstarbeit aufwändig hergestellte Öl wird sofort und ohne jede weitere Nachbehandlung an die Kunden abgegeben.

Das »Nationalgericht« des Spreewälders ist bekanntlich Leinöl mit Quark und Pellkartoffeln, möglichst aus der neuen Ernte, dazu mit Milch angerührter Quark, Salz, Pfeffer und klein gehackte Zwiebeln – und darüber ein ordentlicher Schuss ganz frisches Leinöl! In den regionalen Gaststätten wird dieses Gericht angeboten, viele Spreewälder essen dieses auch mindestens einmal in der Woche. Oft kommt das Öl noch an den Gurkensalat oder auch an eingemachte Heringe.

Aber auch eine äußere Anwendung dieses Öls ist sehr zu empfehlen, denn es pflegt chemiefrei die Haut und es hilft bei der Wundheilung. Der wertvoller Ölkuchen wird gern als Peeling-Zusatz verwendet.

Abfüllen des frisch gepressten Leinöls

Knoblauchöl

Bei unserem Gemüsebauern Wilfried Baronick in Burg achte ich beim Einkauf darauf, dass die Knoblauchknollen fest und prall sind. Die Zehen unter der papierartigen Hülle dürfen nicht schrumpelig oder verfärbt sein. Ich kaufe Knoblauch nie in großen Mengen, da er bei der Lagerung an Qualität verliert.

3 bis 4 Knoblauchzehen (ungeschält)	mit
je 1 Zweig Thymian, Rosmarin	
½ TL Pfefferkörner (weiß)	und
½ TL Pfefferkörner (schwarz)	in eine Flasche geben. Mit
½ l Rapsöl	auffüllen nun 2 bis 3 Wochen gut verschlossen stehen und ziehen lassen.

Das Knoblauchöl ist gut zum Braten und Grillen sowie zum Verfeinern von Salaten geeignet.

Burger Töpferei Piezonka

Spreewaldkahn bei Burg

Spreewälder Tomatenketchup

Für die Zubereitung mit einem Mixtopf, ausprobiert von Marion Siegel aus Cottbus

4 Knoblauchzehen	schälen,
500 g reife Tomaten	waschen, Tomatenauge ausschneiden,
100 g rote Paprika	Kerngehäuse entfernen, waschen,
1 Rote Beete	waschen, schälen, klein schneiden.
2 EL Leinöl	
1 EL Thymianblätter	Zutaten in einen Mixtopf geben und 3 Sekunden auf Stufe 5 zerkleinern, dann 3 Minuten bei 100 °C (auf Stufe 2) kochen.
Je ½ TL Zimt, Nelken	
1 TL Liebstöckel	
250 ml Weinessig	
1 EL Zucker	
je 1 TL Salz, Cayennepfeffer	
je 1 Zweig Rosmarin, Thymian, Estragon	dazugeben und 3 Sekunden (auf Stufe 2) dann 40 bis 50 Minuten kochen lassen bei 100 °C. Nun auf Stufe 4 pürieren, dann auf der schnellsten Stufe. In heiß ausgespülte Flaschen füllen und gut verschließen.

Winterlandschaft bei Raddusch

Im Blumenparadies Liebsch, Straupitz

Zwiebel-Titsche

400 g Zwiebel	schälen und in Scheiben schneiden.
200 g Speck	in kleine Würfel schneiden und mit den Zwiebelscheiben in einer Pfanne goldgelb anbraten.
2 EL Mehl	dazugeben und bräunen. Etwas
Wasser	auffüllen, so dass eine sämige Soße entsteht. Eine
1 große Salatgurke	
3 Tomaten	in Würfel schneiden, dazugeben und kurz aufkochen. Mit
Salz, Pfeffer	abschmecken.

Dazu schmecken Pellkartoffeln und Gurkensalat.

Speckstippe mit Sahne (für 6 Personen)

Von Renate Langner aus Cottbus

200 g Speck	würfeln.
7 große Zwiebeln	schälen, würfeln und mit dem Speck glasig braten.
1 EL Mehl	in
2 EL Wasser	verrühren, dazugeben. Mit
Salz, Pfeffer	würzen, vom Herd nehmen und
800 g saure Sahne	dazugeben und verrühren.

Warm mit Pellkartoffeln servieren.

Unterwegs im Spreewald

Meerrettich-Vinaigrette

100 g frische Meerrettichwurzel	waschen und abbürsten, die gewünschte Menge fein reiben. Danach
1 rote Zwiebel	schälen und sehr fein würfeln.
¼ Bund Schnittlauch	in Röllchen schneiden.
¼ Bund Petersilie	fein hacken. Alles in eine Schüssel geben und mit
3 EL Balsamico	
3 EL Fleischbrühe	
1 EL Rapsöl	verrühren.
¼ Apfel	Reiben, dazugeben, unterrühren. Mit
Salz, Pfeffer	abschmecken.

Sollte keine frische Meerrettichwurzel zur Verfügung stehen, nehmen Sie Gemüsemeerrettich aus dem Glas.

Kranich bei Boblitz

Freilichtmuseum Lehde

Die Senfmanufaktur in Kaupen Nr. 6

Von Peter Becker

Was macht man mit einem ererbten alten Spreewaldhaus? Dieser Frage musste sich die junge Familie Horst und Sabine Koal stellen, als ihnen in Lehde Kaupen Nr. 6, direkt an der Spree gelegen, übertragen wurde. Das Haus der Großmutter war dringend sanierungsbedürftig, auch Auflagen des Denkmalschutzes galt es zu erfüllen. »Wir sind da so allmählich hineingewachsen«, bekennt Horst Koal, Jahrgang 1967. Der im »Stadt Cottbus« ausgebildete Koch begann 1995 mit den Sanierungsarbeiten, dabei entwickelte sich auch der Gedanke, eine Gaststätte in dem Haus zu etablieren. Das Haus ist für Paddler und Kahntouristen sehr günstig gelegen, denn fast immer führt die Lehde-Rundfahrt der Lübbenauer Fährleute an diesem Haus vorbei, früher war es nur auf dem Wasserweg erreichbar. »Aber es soll auch etwas Besonderes sein, wir wollen uns von anderen Gaststätten unterscheiden«, war den Eheleuten Koal von Anfang an klar. Irgendwas mit Senf sollte es jedenfalls sein, »denn Senfkörner wurden ja schon immer im Spreewald verwendet, wenn auch mehr zum Einlegen der berühmten Senfgurken«, erzählt Horst Koal. Vielleicht hat hier das Vorbild des Bruders eine Rolle gespielt, denn Karl Koal baut nicht nur Kähne, sondern verarbeitet auch den Spreewälder Meerrettich.

Nach der Fertigstellung des Hauses 1996 erfolgte nun das Ausprobieren von verschiedenen Rezepten in der Küche der Gaststätte, die seitdem auch offiziell »Kaupen Nr. 6« heißt. Auf der Speisekarte erschienen so nach und nach Gerichte, die fast alle irgendwie mit Senf zu tun hatten, wie die Zwiebelsuppe mit dem »Groben Heinrich«, der Entenbrust mit Apfelsenf oder die Zitronencreme auf Honigsenf.

Es gehörte von Anfang an zur Ehre des Hauses, sich den Senf selbst herzustellen. Das erwies sich dann doch aber erst mal recht schwierig. »Wir brauchen ja große Mengen von Senfkörnern, die konnte der Spreewald und auch nicht das Umland bieten, solch große Flächen sind gar nicht vorhanden. Wir müssen daher unsere Rohware, den gelben und den braunen Senf aus Übersee beziehen«, berichtet Horst Koal. Mehrmals im Jahr fährt er dann mit seinem Transporter in den Hamburger Freihafen und holt sich den aus Kanada importierten Senf ab. In seiner kleinen Manufaktur neben der Gaststätte kommen dann die Körner in den Rührkessel, werden mit Wasser und Gewürzen vermischt und 48 Stunden gerührt. Beim »Groben Heinrich«, früher auch als »Königsberger Senf« bekannt, wird das Wasser

Horst Koal prüft die Qualität der Senfkörner

vollständig aufgenommen, so dass der Senf eigentlich nur aus den gequollenen Körnern in Würzlösung besteht. »Alle anderen Sorten, es sind inzwischen 14, werden zu einer Emulsion vermahlen. Unser Senf enthält noch die Schalen mit den wertvollen Inhaltsstoffen, beim Industriesenf dagegen werden sie entfernt, damit er schön sämig aussieht«, erklärt der Firmenchef, der zugleich auch Rührmeister und Abfüller ist. »Wir brauchen deshalb auch keine Konservierungsstoffe, denn das in den Schalen enthaltene Senföl konserviert sich quasi selbst. Unser Senf ist auch zucker- und glutenfrei und enthält kein Salz.« Der gesundheitliche Wert ist ohnehin nicht umstritten: Er regt die Verdauung an, unterstützt die Darmflora und es besteht die Vermutung, dass er dadurch auch Krebs vorbeugende Wirkung hat.

Inzwischen hat sein Senf zahlreiche Abnehmer nicht nur in der Region gefunden, seine Senfsorten gehen bis an die Ostsee (»Sanddornsenf«) oder in Spezialitätengaststätten nach Österreich. Eine feste Größe ist auch der wöchentliche »Senfabend« in der Saison. Monika Baumgart alias »Milena«, eine Lübbenauer Stadtführerin, unterhält mit einem Mundartprogramm und in ihrer farbenfrohen wendischen Tracht dann die Gäste.

Ehefrau Sabine hilft am Kiosk und überall dort, wo sie gebraucht wird.

Knoblauchessig

Knoblauch – König der Gewürze – das meinte auch Pythagoras, ein griechischer Philosoph. Knoblauch zählt auch zu den ältesten Kulturpflanzen im Spreewald. In meiner Spreewaldküche ist dieses Gewürz einfach unentbehrlich. Ich liebe den typisch scharfen und durchdringenden Geruch und auch den brennend würzigen Geschmack, der sich beim Kochen süßlich mild verwandelt. Ich zerkleinere den Knoblauch vor der Zubereitung grob, indem ich die geschälten Zehen mit Salz bestreue und mit der Breitseite des Messers zerquetsche. Zu Gerichten mit Knoblauch empfehle ich Rotwein. Auch etwas Petersilie nach dem Essen zu kauen, mildert garantiert den Knoblauchduft.

1 Knoblauchknolle	2 bis 3 Schalenhüllen von der Knolle entfernen, Knolle waagerecht halbieren, die Hälften vierteln.
1 Zweig Basilikum (frisch) oder 1 EL getrocknet	in eine Liter-Flasche geben.
¾ l Rotweinessig	auffüllen. Den Essig gut verschlossen 8 bis 12 Tage stehen lassen. Danach eventuell abseihen.

Ideal zum Verfeinern von Salaten.

Im Spreewald wird Gemütlichkeit ganz groß geschrieben.

Einfahrt in den Radduscher Hafen

Meerrettich-Quark-Cremesoße

Von Rita Kratzert aus Senftenberg

Schmeckt zu gekochtem Rindfleisch, Braten, Wurst und Fisch.

250 g Magerquark	mit
⅛ l saure Sahne	
1 TL Senf	
1 TL Anschovispaste	verrühren, mit
Salz, Pfeffer, Zucker	abschmecken.
1 Zwiebel	schälen und fein reiben, dazugeben.
2 Gewürzgurken	in kleine Würfel schneiden, dazugeben.
4 EL Meerrettich (gerieben)	unter den Quark mischen.

Leiper Heimatstube

Landgasthof in Schlepzig

Rosenwasser für die Küche

100 g Duftrosenblütenblätter (gezupft)	die Hälfte der Rosenblütenblätter in eine Schüssel geben.
1 l Wasser	aufkochen, darüber gießen. Etwa 1 Stunde ziehen lassen. Rosenwasser abseihen und aufkochen, die restlichen Rosenblätter dazu, wieder aufkochen, 1 Stunde ziehen lassen. Das Rosenwasser abseihen, aufkochen und in vorgewärmte Flaschen füllen, sofort verschließen.

Im Kühlschrank ungeöffnet mehrere Wochen haltbar – geöffnete Flaschen sind etwa eine Woche haltbar.

Rosenblütengelee

100 g Duftrosenblütenblätter	in einem Topf mit
½ l Weißwein (trocken)	aufkochen, etwa 15 Minuten köcheln lassen, abgießen und den Sud auffangen. Den Rosenwein mit
500 g Gelierzucker (1:1)	aufkochen, unter ständigem Rühren etwa 5 Minuten sprudelnd kochen lassen.
50 ml Rosenwasser (Rezept S. 138)	hinzufügen, in vorgewärmte Gläser füllen und sofort verschließen.

In Burg

Rosenblütensirup

40 Duftrosenblüten — die Rosenblütenblätter abzupfen, Blattansatz mit der Nagelschere abschneiden, auf Insekten kontrollieren.

1 l Wasser — in einen Topf geben mit der Hälfte der Rosenblätter aufkochen, etwa 20 Minuten auf kleiner Flamme köcheln lassen. Dann abseihen, den Sud auffangen. Die restlichen Rosenblätter mit dem Rosensud aufkochen, wieder 20 Minuten köcheln lassen, abseihen, Sud auffangen.

1 kg Zucker — in den Rosensud geben, umrühren und aufkochen. In vorgewärmte Flaschen füllen, verschließen.

Kühl und trocken an einem dunklen Ort lagern.
Ungeöffnet ist der Sirup mindestens ein Jahr haltbar.

Rhabarber-Honig

1 kg Rhabarber — säubern, schälen, in 1 cm große Stücke schneiden und mit

1 kg Zucker — vermischen, in einen breiten Topf geben, etwa 10 Minuten stehen lassen. Unter ständigem Rühren zum Kochen bringen – die Masse ist anfangs sehr wässrig, wird aber nach einiger Zeit gelb und zuletzt goldfarben. Sobald der Saft so dick wie Honig ist, in Gläser füllen, verschließen, auf den Deckel stellen (Kopfstand).

Ein Turmfalke auf seinem Aussichtsplatz

Von den Honigvölkern und der Imkerei

Von Peter Becker

Seit Menschengedenken gehört der Honigerwerb zu den Ernährungsgrundlagen, früher war der Honig auch oft das einzige Süßungsmittel. Auf den Fortbestand des Bienenvolkes wurde dabei wenig Rücksicht genommen, die Wabe wurde einfach aus dem Stock gerissen oder bestenfalls geschnitten. Die »Zeidlerei« (altdeutsch; zeideln = Honig schneiden) konnte lange Zeit bestehen, denn Honigvölker gab es wohl viele, der Mensch konnte den Bestand nicht ernsthaft gefährden.

Heute werden die Bienen in Beuten gehalten, die Waben werden vorsichtig entnommen, ebenso vorsichtig ausgeschleudert und dem Bienenvolk wieder zur weiteren Nutzung übergeben. In der Anfangszeit der Imkerei stellte man auch Beuten aus Lehm und gewundenem Stroh her. Wenn man eine solche Beute umdrehte und darüber eine neue Beute mit etwas Weisel stellte, wanderten die Bienen nach oben in ihr neues Quartier – der Imker kam nun problemlos an den Honig in der alten Beute heran, er fügte seinem Bienenvolk somit keinen Schaden zu.

Früher hat es wohl in jedem Spreewalddorf zahlreiche Imker gegeben, die das Gewerbe neben Fischerei und Landwirtschaft betrieben. Die Landschaft des Spreewaldes ist durch die verschiedensten Blütenpflanzen und auch durch viele Fließe mit dem für die Bienen so notwendigen Wasser ein idealer Lebensraum für Honig- und Wildbienen. Erst in neuerer Zeit bestehen auch hier große Gefahren für den Fortbestand, denn Pflanzenschutzmittel, Monokulturen, Zerstörung von Lebensräumen und die extrem schädliche Varroa-Milbe lassen die Bestände dezimieren.

Der Imker Erwin Jänchen beschäftigt sich schon seit über 30 Jahren mit der Bienenzucht: »Wenn man bedenkt, dass für ein Kilogramm Honig etwa drei bis fünf Millionen Blütenbesuche erforderlich sind, wird deutlich, welchen Beitrag die Bienen bei der Bestäubung leisten – ohne Bienen würde es bald überhaupt keine Nahrungsmittel mehr geben!« Wissenschaftliche Untersuchungen gehen von einer Bestäubungsleistung von 75 Prozent aus, der Rest wird von allen anderen Insekten erbracht. Imker Jänchen erinnert sich auch noch an seine Anfänge zu DDR-Zeiten: »Wir so genannten

Ein ausgehöhlter Lindenstamm steht als Klotzbeute im Garten eines Imkers.

Wanderimker kamen mit unseren mobilen Beuten, die anfangs noch auf Lkw verladen wurden, sogar bis nach Mecklenburg oder in das Erzgebirge, erst später konnten wir uns Bienenwagen leisten. Die dortigen Imker hätten es sonst nicht geschafft, die riesigen Rapsflächen von ihren Völkern bestäuben zu lassen – ein volkswirtschaftlich wichtiger Aspekt der damaligen Zeit! Den Honig lieferten wir später in der Lübbenauer Aufkaufstelle ab, zuletzt bekamen wir immerhin für jedes Kilo 14 DDR-Mark!«

In seinem Garten hat Erwin Jänchen heute immer noch viele Bienenvölker, darunter auch einige in der originellen Klotzbeute, die 1965 aus einer Linde gebaut wurde und die von den Touristen immer wieder bestaunt wird. Wer erst mal von seinem Honig gekostet hat, kommt nicht mehr davon los. Er ist nicht vergleichbar mit den zahlreichen Sorten und Angeboten der Supermärkte. Und wer etwas für den Erhalt der Natur tun möchte, sollte Honig von heimischen Imkern kaufen! Gesünder und besser ist er allemal, vielleicht ein wenig teurer, aber Honig und Umwelt sind es wert.

Viele Imker benutzen noch die Handschleuder, weil sie Waben schonender ist.

Volle Wabe

Gezuckerte Rosenblüten

4 Duftrosenblüten	am Morgen, bei Sonnenschein pflücken und auf Insekten kontrollieren.
1 Eiweiß	leicht schlagen und mit einem kleinen Pinsel die einzelnen Blütenblätter auf der Ober- und Unterseite bepinseln. Die Blütenblätter leicht mit
2 EL Zucker (fein)	bestreuen und 3 bis 8 Tage auf dem Kuchengitter trocknen lassen.

Gezuckerte Rosenblätter können in einem luftdicht verschließbarem Einmachglas mehrere Monate aufbewahrt werden.

Altes Spreewaldhaus in Lehde

Reh bei Raddusch

Rosenblütenzucker

(Ausreichend für ein 50 Gramm Glas.)

Die Spreewälder Kräutermanufaktur empfiehlt: Rosenblüten bei schönem Wetter am bestens morgens bei Sonnenschein ernten. Die Blüten sollten stets mit der Schere abgeschnitten werden. Wobei die Blütenblätter abgezupft werden und auf jeden Fall auf Insekten kontrolliert werden müssen. Wir lassen sie dann an einem schattigen, warmen Ort trocknen.

10 g Duftrosenblütenblätter (getrocknet)	zwischen den Fingerkuppen fein verreiben und mit
40 g Zucker	mischen. In Gläser füllen und luftdicht verschließen.

Rosenblütenöl

Zum Verfeinern von Blattsalaten.

1 Hand voll Duftrosenblütenblätter	in eine breitrandige, verschließbare Flasche füllen.
½ l Rapsöl	aufgießen, verschließen. Das Öl 3 Tage an einem kühlen, dunklen Ort ziehen lassen, dann abseihen und in dunkle Flaschen füllen. Bewahren Sie die Flaschen an einem dunklen, kühlen Ort auf.

Traditionelle Kahnfahrt bei Raddusch

Quitten-Gelee

1 l Quitten-Saft	mit
1 kg Gelierzucker (1:1)	verrühren.
1 Zitrone	aufschneiden, Saft auspressen und dazugeben.
1 Vanilleschote	aufschneiden, Mark herauskratzen und dazugeben. Zusammen aufkochen, mindestens 4 Minuten kochen lassen, in vorgewärmte Gläser füllen und sofort verschließen.

Quittenmus

2 kg Quitten	abreiben, abwaschen, Blüten und Stielansätze entfernen, klein schneiden. In einen Topf geben und knapp mit
Wasser	bedecken und etwa 1 Stunde köcheln lassen, bis sie weich sind. Dann durch ein Tuch ablaufen lassen und die Rückstände durch ein Sieb passieren, so dass Quittenmus entsteht.

Quittenmus eignet sich für die Herstellung von Quittensaft und als Grundlage für Marmelade. Zwei Kilogramm Quitten ergeben etwa einen Liter Saft oder 500 Gramm Quittenmus.

Idylle am Boblitzer Hafen

In Raddusch

Hagebutten-Apfel-Konfitüre

800 g Hagebutten	waschen, dann Stiel und Blüte entfernen. Die Früchte halbieren und Kerne entfernen, nochmals waschen. In
¼ l Wasser	zugedeckt etwa 20 Minuten weich kochen. Die Hagebutten durch ein Sieb streichen und 500 g Hagebuttenmark abwiegen.
500 g Äpfel	schälen, Kerngehäuse entfernen, in kleine Stücke schneiden, zum Fruchtmark geben. Den Saft und die abgeriebene Schale
1 Orange	mit
500 g Gelierzucker (2:1)	vermischen und unter ständigem Rühren zum Kochen bringen. 3 Minuten sprudelnd durchkochen lassen. Die heiße Konfitüre in vorgewärmte Gläser füllen, sofort verschließen und kurz auf den Deckel stellen (Kopfstand).

Passt hervorragend zu Wildgerichten.

Ferienhaus in Lehde

Hochzeitskutsche auf dem Weg zum Einsatzort

Löwenzahnhonig

400 Löwenzahnblüten	gründlich waschen, abtropfen lassen.
2 Zitronen	in Scheiben schneiden, mit den Blüten in
1 l Wasser	geben, aufkochen und 1 Tag stehen lassen. Durch ein Sieb drücken, den Saft mit
2 kg Zucker	versetzen und etwa 1 Stunde köcheln lassen. Dabei regelmäßig rühren, damit der Honig nicht anbrennt. Nun in Gläser füllen und verschließen. Gläser auf den Deckel stellen (Kopfstand), abkühlen lassen.

Südamerikaner im Spreewald

Von Peter Becker

Immer häufiger kann man im Spreewald die ursprünglich in Südamerika beheimateten Nutrias beobachten. Im Winter gelingt dies noch öfter, da die Deckung in der Ufervegetation weniger dicht ist und eher Einblicke ins Familienleben dieser Tiere zulässt. Da sie auch kaum scheu sind, lassen sie uns Menschen scheinbar ganz gern bei Fellpflege oder Nahrungsaufnahme zusehen. Ihre natürlichen Feinde sind lediglich Rotmilan, Uhu, Seeadler und Fuchs – bis auf Letzteren immer noch relativ seltene Spezies im Spreewald. Dafür werden die Biberratten, wie sie auch genannt werden, selbst oft zu Feinden. Man vermutet, dass sie den Fischotter aus seinen angestammten Revieren verdrängen, auch Deiche könnten unterwühlt werden. Sie sind auch keine reinen Vegetarier, wie man bisher vermutete. In Nutria-Gebieten hat der Bestand der Flussmuschel stark abgenommen, diese steht wohl auf dem Speiseplan des Pelztieres.

Die Nutrias stammen vermutlich aus aufgegebenen Zuchten und haben sich dank der idealen Bedingungen im Spreewald und ihrer hohen Vermehrungsrate stark verbreitet. Im Futter nicht wählerisch, könnte ihnen höchstens ein langer Winter gefährlich werden. In Eis und Schnee finden die Tiere keine ausreichende Nahrung, besonders nicht für die zahlreichen Nachkommen. Bis zu dreimal im Jahr wirft das Weibchen sechs bis acht Junge und bei einer Lebensdauer von etwa

Nutrias sind exzellente Schwimmer und Taucher.

zehn Jahren sind das schon mal 200 bis 250 Nachkommen je Weibchen! Füttern sollte man diese zutraulichen Tiere nicht, auch nicht anfassen, denn es sind schon Fälle von Trichinen- und Salmonellenübertragung bekannt geworden.

Nach Europa kamen die Tiere vermutlich schon zu Beginn des 18. Jahrhunderts und wurden hier ausgewildert, aber wegen ihres Fells stark bejagt und beinahe auch wieder ausgerottet. Erst seit den 1920er Jahren wurden argentinische Neuimporte in etwa 1000 Farmen gehalten, deren Zahl nach dem Krieg allerdings stark schrumpfte. Heute gibt es meist nur noch Farmen für spezielle Fellfärbungen. Eine Zeit lang galt sein Fleisch auch als sehr schmackhaft. Besonders zu DDR-Zeiten sollten damit gewisse Versorgungsengpässe kompensiert werden, es galt als Kaninchen-Ersatz. In den USA, in Lousianna, wurde das Tier zur Landplage. Dort forderte man die Menschen in einer teuren Kampagne auf, das »Problem einfach aufzuessen«!

Oft liegen die Nutrias gut versteckt im Schilf und kommen nur heraus, wenn man ihnen zu nah kommt.

Von den frei lebenden Nutrias gibt es zahlreiche Farbvarianten, hier ein goldgelbes Exemplar.

Die Tiere sind kaum scheu und nähern sich problemlos menschlichen Siedlungen, wie hier im Spreewalddorf Leipe.

Süßsaure Pflaumen

Von Ingrid Maske aus Forst

3 kg Pflaumen	waschen und abtropfen lassen, mit einem Holzspieß einige Male einstechen.
1 l Weinessig	mit
750 g Zucker	
8 Nelken	
½ Stange Zimt	und der abgeriebenen Schale
1 Zitrone	in einen breiten Topf geben und zu einer Essig-Zucker-Lösung aufkochen. Die Pflaumen in den Sud geben, etwa 10 Minuten kochen und dann die Pflaumen in heiß ausgespülte Gläser füllen. Den Sud weitere 10 Minuten einkochen und über die Pflaumen gießen. Gläser gut verschließen, kurz auf den Deckel stellen (Kopfstand).

Landschaft bei Koßwig

Leiper Hausansicht

Hagebutten-Kompott

1 kg Hagebutten	waschen, Blütenansatz und Stiel entfernen, Hagebutten mit einem Messer aufschlitzen, die Kerne und Härchen entfernen. In einem Topf
1 l Wasser	
400 g Rohrzucker	
1 Zimtstange	und den Saft sowie die abgeriebene Schale von
2 Zitronen	aufkochen. Die Früchte hineingeben, bei sehr kleiner Hitze weich kochen, mit dem Schaumlöffel herausnehmen und in Gläser füllen. Den Sud nochmals erhitzen und über die Früchte gießen, Gläser verschließen, kurz auf den Deckel stellen (Kopfstand) und kühl lagern.

Rosenblütenessig

20 Duftrosenblüten	Blütenblätter abzupfen, Blattansatz mit einer Nagelschere abschneiden. Die Blätter auf Insekten kontrollieren. Nun die Blätter in eine breitrandige Flasche mit passendem Verschluss füllen.
1 l Weißweinessig	darüber gießen. Den Inhalt etwa 3 Wochen an einem sonnigen Ort ziehen lassen, gelegentlich schütteln. Dann den Rosenessig abseihen und in Flaschen füllen. Zur Dekoration können Sie einige Rosenblätter in die Flaschen geben.

Ein Genuss bei der Zubereitung von Blattsalaten.

Rosenblüten für Essig und Öl

Eingelegte Knoblauchzehen

5 Knoblauchknollen	in Zehen teilen, schälen, mit
1 Chilischote (rot)	
1 TL Pfeffer (schwarz)	
1 TL Pfeffer (weiß)	
4 Wacholderbeeren	
1 Msp. Rosmarin	in ein Glas schichten.
¼ l Rapsöl	und
1 TL Salz	
½ TL Zucker	mischen und über die Knoblauchzehen gießen. 14 Tage stehen lassen.

Schmecken zu Gegrilltem und fein gehackt zu Salaten.

Die ehemalige Quackatz-Schänke in Burg-Kolonie

Schau-Handwerk in Raddusch

Leberwurst – sauer eingemacht

Von Eveline Lange aus Spremberg-Terpe

500 g Leberwurst	in Würfel schneiden. Aus
jeweils 5 EL Öl, Essig	und
3 EL Senf	
5 EL Zwiebeln (gehackt)	
5 EL Schnittlauch (geschnitten)	eine Marinade zubereiten, mit
Salz, Pfeffer, Zucker	abschmecken, über die Leberwurst gießen und gut durchziehen lassen.

Reichen Sie dazu Landbrot oder Salzkartoffeln.

Leinöl-Schmalz (100 Prozent pflanzlich)

Von Doris Schmidt aus Cottbus

125 ml Leinöl	in eine Schüssel geben und für 20 Minuten in den Kühlschrank stellen.
250 g Kokosfett (ungehärtet)	zum Sieden bringen.
2 große Zwiebeln	schälen, schneiden, im Fett anbräunen.
12 Knoblauchzehen	schälen, dazugeben und kurz garen. Dann abkühlen lassen und diese Mischung in das gekühlte Leinöl gießen, umrühren und im Tiefkühlschrank erkalten lassen. Später im Kühlschrank aufbewahren.

Gedünstetes Gemüse erhält dadurch eine kräftige Würze.

Katzen an der Radduscher Buschmühle

Remouladen-Eier

4 Eier	hart kochen, pellen, halbieren.
Je 4 EL Salatcreme, Joghurt	mit
1 TL Senf	
1 EL Kräuter (gehackt)	in eine Schüssel geben und vermengen.
1 Gewürzgurke	in Würfel schneiden, dazugeben und unterrühren, mit
je 1 Prise Salz, Pfeffer	abschmecken und über die Eihälften geben.

Versteckte Eier

4 Brötchen	Deckel abschneiden, das Innere herauslösen und je einen Teelöffel von
4 TL Tomatenmark	in jedes Brötchen geben. Danach
4 Eier	aufschlagen und in die Brötchen hinein gleiten lassen. Mit
Salz, Pfeffer	würzen. Jedes Brötchen mit einer von
4 Käsescheiben	belegen und im Ofen bei mittlerer Hitze stocken lassen.
1 Bund Schnittlauch	waschen, klein schneiden, die Brötchen damit bestreuen und servieren.

Mohnblumen bei Raddusch

Spreewaldpost mit Jutta Pudenz

Buttermilch-Plinsen

Im Spreewald war und ist die Milchviehhaltung aufgrund der klimatischen Faktoren sehr begünstigt. Bis in die 60er Jahre des vergangenen Jahrhunderts hinein – heute leider nur noch vereinzelt – war die Kunst der Käse- und Butterherstellung im Spreewald weit verbreitet. Butter stelle ich heute nur noch zu Feierlichkeiten und Festen her, denn ich benötige fast 25 Liter Rohmilch für ein Kilogramm Butter.

Von Charlotte Rissel aus Cottbus

400 ml Buttermilch	
400 ml Vollmilch	
1 Ei	miteinander vermischen.
200 g Mehl	
50 g Zucker	und
1 TL Backpulver	mit dem Schneebesen unterrühren und mit etwas
Salz	würzen. In einer Pfanne
1 EL Öl	erhitzen, jeweils einen Schöpflöffel Teig gleichmäßig darin verteilen und goldgelb backen.

Bootsverleih in Lübben

Ein Fischadler auf Beutezug

Der wendische Drehbaum – der etwas andere Weihnachtsbaum

Von Peter Becker

Im Spreewald und in anderen sorbisch-wendischen Gegenden konnte der christliche Weihnachtsbaum nicht so schnell heimisch werden. Das hatte sicherlich auch damit zu tun, dass es im Inneren des Spreewaldes kaum Nadelbäume gab und gibt, zum anderen auch damit, dass christliche Bräuche ohnehin erst seit etwa eintausend Jahren Einzug in das von den Slawen bewohnte Gebiet hielten und der Weihnachtsbaum selbst erst seit wenigen Jahrhunderten »modern« war. Es bedurfte sogar einer Preußischen Verordnung von 1910, die den Weihnachtsbaum christlicher Prägung auch im Wendischen einführte und den »Drebom«, wie er mundartlich genannt wurde, ersetzen sollte. Bis dahin nämlich fand man diese an eine Pyramide erzgebirglichen Ursprungs erinnernde Konstruktion zur Weihnachtszeit in den wendischen Stuben. Anders als bei der Erzgebirgskonstruktion drehen sich beim Drehbaum die Kerzen mit.

Aus Weidenruten wurde dieser Baum recht kunstvoll in mehreren Etagen gefertigt, die hier ansässigen Korbflechter haben dabei sicherlich auch recht großes Geschick an den Tag gelegt. An der Spitze brachte man Flügel aus dünnem Holz oder auch aus zerschnittenem Weißblech an, das ganze Gestell wurde auf einem spitzen Stab drehbar gelagert. Zwei Dutzend Kerzen trieben die ganze Konstruktion an. Die Etagen versah man mit allerlei Zierrat, Äpfeln und Nüssen, mit Trachtenpüppchen oder Schnitzereien. Das Gestell wurde mit farbigen Papier oder Stoff umwickelt und manchmal auch farbig angemalt. Dieser Brauch geriet nach dem Zweiten Weltkrieg fast in Vergessenheit, erst jetzt findet er hier und da wieder Einzug in wendischen Stuben.

Solche Drehbäume kann man im Heimatmuseum Dissen, im Wendischen Museum Cottbus und im Spremberger Heimatmuseum sehen. Oder bei Dziumblas in Burg, da steht ein Nachbau aus geleimten Holz in der guten Stube, immerhin zwei Meter hoch. Familie Dziumbla ist sehr auf Traditionspflege bedacht und unterhält eine eigene Trachtenschneiderei mit einer kleinen Ausstellung. An Winterabenden trifft man sich dort auch zur Spinnte, ein geselliger Abend mit Handarbeiten wie Spinnen, Nähen und Stricken. In der gemütlich warmen Stube steht dann auch ein kleinerer Drehbaum, den Dieter Dziumbla vor einigen Jahren bei Lothar Balke in Drebkau gesehen und dann nachgebaut hatte.

Schlittschuh laufen in Leipe

Eierkuchen-Plinsen

500 ml Milch	und
4 Eier	
1 Msp. Salz	
250 g Mehl	mit einem Schneebesen gut verrühren.
Leinöl	in der Pfanne erhitzen und je eine Schöpfkelle Teig in die Pfanne geben, von beiden Seiten goldgelb backen.

Schafskäse in Leinöl (für eine Person)

Von Ina Zimmermann aus Cottbus

250 g Schafskäse	in Würfel schneiden, in eine Schüssel geben.
2 Knoblauchzehen	schälen, dazugeben.
1 Chilischote	
je 1 TL Thymian, Bohnenkraut, Pfefferkörner, Rosmarin	hinzufügen. Mit
100 ml Leinöl	übergießen, 3 Tage im Kühlschrank ziehen lassen.

Servieren Sie dazu dunkles Brot.

Hausarbeit vor langer Zeit

Soleier

1 l Wasser	mit
80 g Salz	zum Kochen bringen. Darin
4 Eier	etwa 8 Minuten kochen, abschrecken und die Schalen leicht anknicken. Die Eier in ein geeignetes Glas geben, mit der Salzlake übergießen und etwa 2 Wochen aufbewahren.

Reichen Sie dazu kräftiges Brot und Butter. Sie können Soleier mit Tomatenketchup, Worcestersoße oder Pfeffer aus der Mühle genießen.

Hirsebrei

Mit Sahne oder Früchten verfeinern.

250 g Hirse	in
½ l Milch (kochend)	geben, mit
1 Msp. Salz	versetzen und 10 Minuten köcheln lassen, danach 20 Minuten quellen lassen.

Auf der Leiper Insel

Kranich bei Leipe

Der Schützenscheibenmaler

Besonders Touristen fallen die vielen schönen kreisrunden Schützenscheiben an manchen Häusern der Spreewalddörfer auf. Sie legen Zeugnis davon ab, dass hier ein besonders treffsicherer Schütze, ein Schützenkönig, wohnt. Doch wo bekommt man diese Scheiben eigentlich her? Man kann, wie vieles heutzutage, diese im Internet bestellen und bekommt dann Plastikscheiben mit einem aufgezogenen Foto oder man geht zu Detlef Krüger nach Raddusch und bekommt handgemalte Kunstwerke!

Detlef Krüger ist besonders stolz, wenn er immer mehr seiner Scheiben bei seinen Fahrten durch die Dörfer zu sehen bekommt. Schließlich sind es schon über 50, die er in nur vier Jahren geschaffen hat. Der 1948 in Lübbenau Geborene wuchs in Boblitz auf und machte eine Malerlehre bei der Firma Zimmermann in Lübbenau. In seiner Freizeit gestaltete er so manches restaurierte Möbelstück mit neuen Malereien nach alten Vorlagen, kaum eine alte Milchkanne blieb unbemalt. So perfektionierte er seine Maltechnik und schafft heute originalgetreue Abbilder, meist nach Fotovorlagen, wie er sie in Kalendern und Jagdzeitschriften findet. Besonders Tiermotive haben es ihm angetan und so war es nur eine Frage der Zeit, bis ihm die Idee mit den Schützenscheiben kam. Der Anlass war 2003 das erste Schützenfest der Radduscher Feuerwehr, die eine alte Radduscher Tradition damit wieder zum Leben erweckte. Er gestaltete diese erste Scheibe, die damals der Radduscher Volkmar Verst »erschossen« hatte so perfekt, dass es sich

Er bekommt eine Ehrenrunde durch das Dorf mit dem Feuerwehrauto.

bald herum sprach und er in der Folgezeit viele Aufträge von Schützenvereinen erhielt; inzwischen findet man seine Scheiben sogar schon im Mansfelder Land.

Auf die Unterlage, die kreisrunde Holzplatte, kommt eine Alkydharzschicht, auf die dann das Motiv mit feinsten Pinseln in Acrylfarben aufgetragen wird. Den Abschluss bildet dann eine wetterfeste Klarlackschicht, die fünfmal aufgetragen wird. Das kann dann schon mal bis zu 30 Stunden dauern, bevor solch ein Kunstwerk fertig ist. Seine einzigen Hilfsmittel sind die Fotovorlage und der Malstock für die ruhige Hand. Sein Lieblingsmotiv ist der seltene Eisvogel. Hier kam ihm die Idee, dass man die Zielkreise der Schießscheibe nicht auf die Mitte des Tieres legen kann – denn wer schießt schon auf einen Eisvogel? Fortan bekamen alle seine Scheiben die Zielkreuze niemals mehr auf das Tier gemalt. Mit Leidenschaft geht er an seine Malereien und sucht dabei immer nach neuen Motiven.

Detlef Krüger bei der Arbeit

Detlef Krüger malt Schießscheiben nach Wünschen seiner Kunden, er bemalt aber auch Wasserkannen und anderes.

Steinpilz-Carpaccio mit Zwiebel-Schnittlauch-Vinaigrette

200 g Steinpilze	säubern, die Enden abschneiden und anschließend der Länge nach in 3 mm breite Streifen schneiden. Die Streifen auf kalten Tellern anrichten und mit
Salz, Pfeffer (weiß)	würzen. Aus
2 EL Schnittlauch (geschnitten)	
150 ml Öl	und dem Saft
½ Zitrone	eine Vinaigrette aufschlagen.
1 Zwiebel	schälen, sehr fein würfeln, in die Vinaigrette geben und sofort über die Steinpilze träufeln.

Holundersuppe

10 reife Holunderdolden	gut waschen, mit einer Gabel vom Stiel lösen. Die Beeren in etwas
Wasser	aufkochen und durch ein Sieb drücken. Mit
5 Nelken	
1 Stange Zimt	nochmals aufkochen.
½ l Milch	und
2 EL Mehl	
2 EL Zucker	verrühren, dazugeben und mitkochen.
4 Weißbrotscheiben	in Würfel schneiden, in einer Pfanne mit
1 EL Butter	rösten und vor dem Servieren in die Suppe geben.

Spreewaldtrachten

Camembert-Schnitzel

2 Camembert	quer durchschneiden und die 4 Scheiben mit
Pfeffer	bestreuen. Dann in
200 g Mehl	wenden.
2 Eier	verquirlen, die Camembertscheiben durchziehen und in
200 g Semmelmehl	wenden. Den Vorgang wiederholen. In einer Pfanne
1 EL Öl	erhitzen, die Camembertscheiben auf beiden Seiten kurz anbraten.

Mit Tomatenketchup und Weißbrot servieren.

Kahnkorso im Lübbenauer Hafen

Die Slawenburg bei Raddusch

Kalter Hund

Nach einem Familienrezept von Renate Schiemenz aus Werben

250 g Kokosfett	bei geringer Hitze in einem Topf schmelzen lassen, vom Herd nehmen, abkühlen lassen.
2 Eier	schaumig schlagen und
250 g Puderzucker	unterziehen. Nun
125 g Kakao	darunter verrühren. Das abgekühlte flüssige Kokosfett sehr langsam in die Kakaomasse gießen und unterrühren. Eine Kastenkuchenform (etwa 30 cm Länge) mit Pergamentpapier auslegen. Nun von
2 Pck. Butterkeks (Cottbuser Keks)	eine Schicht in der Form auslegen, mit der Kakaomasse bestreichen, eine weitere Keksschicht auflegen und die Vorgänge wiederholen, bis die Kekse aufgebraucht sind, wobei die abschließende Schicht Kakaomasse sein muss. Nun abgedeckt 2 Stunden im Kühlschrank abkühlen lassen. Dann den Kalten Hund vorsichtig auf ein Gitter stürzen, Pergamentpapier abziehen, bei Zimmertemperatur vorsichtig schneiden.

Burger Ferienanlage

In Burg-Kolonie

Kräuter-Hörnchen (ergibt 12 Stück)

Von Brigitte Schammel aus Jänschwalde

¼ l Milch (lauwarm)	
½ Würfel Hefe	
1 TL Zucker	
500 g Mehl	in einer Schüssel vermengen und gehen lassen.
1 Bund Petersilie	waschen und klein schneiden.
2 Zwiebeln	schälen und in kleine Würfel schneiden.
1 TL Kümmel	
8 EL Rapsöl	alle Zutaten in den Hefeteig einarbeiten und 1 Stunde gehen lassen. Danach 12 Hörnchen formen und bei mittlerer Hitze goldgelb backen.

Erdbeer-Eiscreme

4 Eigelb	mit
175 g Zucker	schaumig schlagen. Danach
1 Pck. Vanillezucker	und
400 ml Sahne	aufkochen und unter ständigem Rühren unter die Eimasse ziehen, die Mischung im Wasserbad cremig aufschlagen und kühl stellen.
400 g Erdbeeren	waschen, putzen, in ein Gefäß geben – einige zur Dekoration aufbewahren. Mit einem Mixstab pürieren und unter die erkaltete Creme ziehen, im Tiefkühlfach fest werden lassen. Mit dem Eisportionierer auf Dessertschalen verteilen, mit einigen Erdbeeren garnieren.

Radduscher Kindergartengruppe

Kochkuchen

Ein Kuchen, der nicht gebacken, sondern im Wasserbad leicht schwimmend gekocht wird. Diesen Kuchen kann man ein bis zwei Tage vor einer Feierlichkeit zubereiten, das Aroma bleibt erhalten.

Von Annelies Kujau aus Lübbenau

200 g Butter	schaumig rühren.
1 Msp. Salz	
200 g Zucker	
1 Pck. Vanillezucker	hinzufügen und weiter rühren.
4 Eier	trennen und die Eigelbe zugeben.
1 Flasche Rumaroma	dazugeben.
½ Zitrone	Saft und Schale hinzufügen. Dann
200 g Kartoffelstärke	und
1 Pck. Backpulver	einsieben. Die 4 verbliebenen Eiklar steif schlagen und unterheben. Die Masse in eine Form füllen und verschließen. Einen hohen Topf mit etwas
Wasser	zum Kochen bringen, die Kuchenform hineinsetzen und 1 Stunde gleichmäßig, aber nur leicht weiter kochen lassen. Der Wassertopf sollte dabei unbedingt mit einem Deckel verschlossen werden. Nach 1 Stunde die Form aus dem Wassertopf nehmen, vorsichtig öffnen und den Kuchen zum Abkühlen stürzen. Den Kuchen erkalten lassen und mit
Puderzucker	bestreuen.

Bei einer neuen Form (Erstbenutzung) kann der Kuchen kleben. Dann sollte man vor dem Stürzen ein kaltes Tuch auf die Form legen – nach wenigen Minuten rutscht der Kuchen ganz leicht aus der Form.

In Lübbenau

Rhabarberkuchen

Von Eva-Maria König aus Vetschau

Der Boden

75 g Margarine
75 g Zucker
2 Eier
125 g Mehl
1 TL Backpulver
1 Msp. Salz
1 Pck. Vanillezucker — zu einem Teig verarbeiten und in eine Springform geben.

Der Belag

5 Stangen Rhabarber — schälen, in Stücke schneiden und auf den Boden legen. Im Ofen bei 180 °C etwa 20 Minuten backen.

Die Decke

125 g Zucker
125 g Margarine
4 Eigelb — verrühren.
4 Eiweiß — steif schlagen und unter die Masse heben. Jetzt die Masse als Decke auf den Boden geben und fertig backen.

Blick auf Vetschau

In Vetschau

Fastnacht und Zampern

Fastnacht = Zapust (sorb./wend.)

Von Peter Becker

Dieses Fest wurde früher in aller Ausgelassenheit sechs Tage gefeiert. Es begann an einem Wintersonntag mit einem großen Umzug durchs Dorf. Alle Mädchen waren in wendischer Festtagstracht, die Jungen trugen meist dunkle Anzüge mit Hut und Fastnachtssträußchen am Jackett. So zogen sie unter Klängen einer Marschkapelle durchs Dorf. Abends traf man sich dann zum »tüchtigen Tanz, damit der Flachs gut gedeiht« – je höher man springt, desto höher wächst der Flachs. Auch heute noch wird dieser Brauch, der Fastnachtsumzug, in vielen Spreewalddörfern im Burger Raum und in einigen Dörfern zwischen Vetschau und Cottbus gepflegt. Dieses uralte wendische Fest hat nichts mit Fasching oder Karneval zu tun.

Noch fröhlicher und ausgelassener ging es allerdings beim Zampern zu: Eine Kolonne abenteuerlich verkleideter Gestalten mit bemalten oder geschwärzten Gesichtern zog von Haus zu Haus. Einer trug einen mit Häcksel gefüllten Kober oder eine Kiepe, ein anderer trug einen Kasten und wieder ein anderer eine Gabel. Jedem Hof und jedem Haus wird dann ein Besuch abgestattet. Auf dem Hof oder auf der Straße spielte die Musik zum Tanz auf. Dabei musste jeweils einer der jungen Männer mit der Bäuerin tanzen. Diese holte dann Eier für die Kiepe oder Speck, der auf der Gabel aufgespießt wurde, der Bauer gab Geld in den Kasten. Früher wurde im Spreewald oft folgender Spruch beim Zampern, besonders von den Kindern, aufgesagt: »Zamper, zamper Donnerstag, morgen ist der Freitag, droben in der Firste häng'n gebratene Würste, ich bin der kleine König, gebt mir nicht zu wenig, gebt mir'n Stückchen Speck, dann spring ich über eure Haustür weg«.

Die beim Zampern gesammelten Eier und anderen Lebensmittel werden dann an einem Abend bei einer Nachfeier gemeinsam verzehrt. Natürlich wurde bei dieser Gelegenheit ziemlich viel getrunken und auch kräftig bis in den Morgen getanzt.

Die Kinder des Radduscher Kindergartens werden beim Zampern von Müttern und Vätern unterstützt.

Der Brauch der Fastnacht hat sich über die Jahrhunderte als Form der Begrüßung des Frühlings und der Winteraustreibung im Spreewald durchgesetzt und wird heute noch bei Alt und Jung gepflegt. Dabei haben sich aber in den jeweiligen Spreewalddörfern ganz unterschiedliche Formen herausgebildet. Während die einen nur Fastnacht, also den feierlichen Umzug in Spreewaldtracht pflegen, wird in anderen Spreewalddörfern nur noch gezampert. Aber fast überall gehen die Kleinsten noch zampern, meist organisiert durch die örtlichen Kindereinrichtungen.

Die Kapelle zieht mit den Zamperern durchs Dorf und hält vor jedem Haus für ein Ständchen an.

Auch die Autofahrer werden zur Kasse gebeten, andernfalls bekommen sie keine »Transitgenehmigung« für das Durchfahren des Dorfes

Holunder-Kompott

1 kg Holunderbeeren mit Stiel	unter Wasser abwaschen, abtropfen lassen und kurz gefrieren, Beeren vom Stiel abzupfen, dabei nicht zerdrücken.
¼ l Rotwein	mit
250 g Zucker	
½ Zitrone	
1 Zimtstange	
2 Nelken	zum Kochen bringen und die Beeren dazugeben, dabei immer rühren.
250 g Birnen	und
250 g Äpfel	schälen und in Stücke schneiden, dazugeben, etwa 15 Minuten köcheln lassen.
1 EL Stärke	mit
1 EL Wasser	verrühren und zum Binden unterrühren, abkühlen lassen.

Kinderglück in Leipe

Lehder Hof

Erdbeertörtchen mit Quark

500 g Erdbeeren	waschen, putzen, zugedeckt zur Seite stellen.
400 g Sahnequark	mit
125 g Zucker	
1 Pck. Vanillezucker	glattrühren.
200 ml Sahne	steif schlagen.
4 Blatt Gelatine	in einem Topf mit etwas
Wasser	bei sehr schwacher Hitze auflösen. Dann vom Herd nehmen. Nun die Quarkmasse löffelweise mit dem Schneebesen unter die Gelatine rühren. Die steife Sahne unterheben und die Creme im Kühlschrank fest werden lassen. Die Masse mit einem Spritzbeutel auf
12 Törtchen (Mürbeteig)	aufspritzen, Erdbeeren darüber verteilen.
1 Glas Erdbeergelee (200 g)	erwärmen und die Erdbeeren damit überziehen.

Hirschbulle im Leiper Spreewald

Ferienunterkunft in Leipe

Erdbeerschaum

500 g Erdbeeren	waschen, putzen, große Beeren halbieren und die Hälfte der Menge in eine Schüssel geben.
100 ml Orangensaft	und
200 g Puderzucker	dazugeben und mit dem Mixstab pürieren. Danach
3 Eiklar	zu Schnee schlagen.
100 ml Sahne	mit
2 TL Sahnesteif	steif schlagen, vorsichtig unter den Eischnee heben und nun unter das Püree mengen. Die restlichen Erdbeeren mit
2 EL Walnüsse (gehackt)	locker untermischen und sofort servieren.

Fruchtquark mit Cottbuser Keksen

Von Siegfried Fabeck aus Cottbus

400 g Quark	durch ein Sieb streichen, mit
250 g Himbeeren	vermischen, einige Himbeeren für die Garnitur aufheben. Den Saft
1 Zitrone	unterrühren.
150 g Mandeln	leicht rösten, hacken, dazugeben. Mit
Zucker	abschmecken.
¼ l Sahne	steif schlagen, unterziehen. Eine Platte mit
1 Pck. Butterkeks (Cottbuser Keks)	belegen, die Quarkspeise darauf schichten, mit Keksen abdecken und den restlichen Quark bergartig darauf anrichten. Mit Himbeeren garnieren und eine Stunde ziehen lassen.

Mit dem Nachtwächter in Lübben unterwegs

Fastnachtskrapfen

Von Brigitte Koalick aus Werben

125 g Butter	schaumig rühren,
60 g Zucker	
4 Eier	
500 g Mehl	
1 Pck. Backpulver	dazugeben, vermischen und so viel
Milch	dazugeben, bis ein fester Teig entsteht.
Kokosfett	erhitzen. Mit einem Teelöffel Teig abstechen und im Fett auf beiden Seiten braun ausbacken. Dann herausnehmen und mit
Zucker, Zimt	bestreuen.

Spreewaldfest 2009

Das Lehder »Café Venedig«

Holunderblüten-Tee

Ich ziehe vor dem Holunderbaum meine Kochmütze. Bei uns im Spreewald gilt es als schweres Vergehen, einen Holunderbaum zu fällen. Seit Jahrhunderten wird bei uns der Holunderbaum hoch geschätzt. Als Heilmittel wird er seit Jahrhunderten eingesetzt, bis heute: gegen Rheuma, Gicht, Hautkrankheiten, Blutreinigungsmittel, Ischias, Erkältungskrankheiten … Als Kind habe ich mich mit verschnupfter Nase über einen heißen Becher Holundersaft geneigt. Holunder wurde früher auch zum Färben der Haare genutzt.
Sobald im Spreewald an den Straßenrändern und in den Gärten ein unverkennbarer Holunderduft weht, ist der Sommer nicht mehr weit. Dann versorge ich meine Küche und Kräutermanufaktur mit früh am Morgen gepflückten Holunderblüten.

1/4 l Wasser	zum Kochen bringen.
3 mittelgroße Holunderblütendolden	waschen, in eine vorgewärmte Kanne geben und das kochende Wasser darüber gießen. Etwa 10 Minuten ziehen lassen und den Tee mit einen Sieb in ein Teeglas gießen.

Erntereife Holunderbeeren

In Lehde

Holunderblüten-Sirup

30 Holunderblütendolden	
30 g Zitronensäure	in einen Topf geben.
3 Zitronen	
2 Limetten	in Scheiben schneiden, dazugeben.
1½ kg Zucker	hinzufügen.
1½ l Wasser (kochend)	über die Zutaten gießen, 2 Tage ziehen lassen, danach in saubere, verschließbare Flaschen füllen.

An einem kühlen Ort gelagert, ist der Sirup etwa zwei Jahre haltbar.

Holunderblüten-Likör

Von Annett Metelka aus Luckau

Am ersten Tag

40 Holunderblütendolden	in
1¼ l Wasser	ziehen lassen.

Am zweiten Tag

600 g Zucker	
35 g Zitronensäure	dazugeben, ziehen lassen.

Am dritten Tag

2 Flaschen Korn	hinzufügen, den Ansatz in saubere, verschließbare Flaschen füllen.

Kahnfahrt auf der Spree bei Leipe

Holunderblüten-Saft

7 l Wasser	mit
1 kg Zucker	unter Rühren aufkochen.
21 Holunderblütendolden	gründlich waschen und in den kochenden Sud geben.
50 g Zitronensäure	dazugeben.
1 Zitrone	in Scheiben schneiden, hinzufügen und kurz aufkochen lassen. Den Saft durch Filtertüten gießen und in Flaschen abfüllen. Die Flaschen gut verschließen.

Holunderblütendolden entfalten ihr volles Aroma, wenn sie vor 12 Uhr und bei Sonnenschein gepflückt werden.

Ferienanlage in Raddusch

In Raddusch

Löwenzahn-Sirup

Den Löwenzahn lernte ich zunächst unter den Namen Hundeblume und Pusteblume kennen. Diese Pflanze kann auf eine sehr lange Geschichte im Spreewald zurückblicken, denn sie wurde früher und wird noch heute als Heilkraut verwendet. Man findet den Löwenzahn in der Hausapotheke zur Anwendung bei Gicht, rheumatischen Erkrankungen und bei Verdauungsbeschwerden. Als Diabetikergemüse, aufgrund seines hohen Insulingehaltes, fand er Eingang in unsere Küche. Mein Geheimtipp ist der aus Löwenzahn zubereitete Salat, aber auch als gedünstetes Gemüse oder als Suppe ist Löwenzahn vor allem im Frühjahr eine Delikatesse. Er muss nach der Ernte rasch verzehrt werden.

250 g Löwenzahnblüten	vor 12 Uhr bei Sonnenschein ernten. Die Blütenblätter aus dem grünen Körbchen zupfen, da grüne Teile Bitterstoffe enthalten. Unter kaltem Wasser im Sieb abspülen. Mit
1 l Wasser	in einem Topf zum Kochen bringen, mindestens 12 Stunden stehen lassen, anschließend durchseihen. Den Sud mit
1 kg Zucker	
1 Zitrone	verrühren und aufkochen. Der Zucker muss sich vollständig auflösen. Den Schaum abschöpfen, er macht den Sirup trübe. Den Sirup heiß in vorgewärmte Flaschen füllen, sofort verschließen.

Eierlikör

3 Eier	kräftig durchquirlen.
125 g Puderzucker	langsam zugeben, den Saft
½ Zitrone	zufügen, mit
½ Pck. Vanillezucker	
¼ l Kaffeesahne (gezuckert)	
⅛ l Prima Sprit	im Mixer schlagen, in eine verschließbare Flasche füllen.

Paul-Gerhardt-Kirche in Lübben

Veilchenbowle

Von Siegfried Fabeck aus Cottbus

1 Hand voll Veilchenblüten	Stiele entfernen, mit dem Saft von
2 Orangen	übergießen. Eine halbe Flasche von
2 Flaschen Weißwein	auffüllen, dann abdecken, kühl stellen und 2 Stunden ziehen lassen. Abseihen und mit
100 ml Zuckerlösung	vermischen und den restlichen Weißwein sowie
1 Flasche Sekt	zugeben.

Die Dubkow-Mühle

Von Peter Becker

Im Jahr 1701, als Friedrich der I. König von Preußen wurde und damit den Aufstieg zur europäischen Großmacht einleitete, erhielt der Walkmüller Georg Schramm aus Neu Zauche von Friedrich Casimir Graf zu Lynar die Erlaubnis, in dem unbewohnten Forstort Dubkowa (niederwendisch; dub = »Eiche«) anstelle der bisherigen alten Radduscher Wassermühle eine neue aufzubauen. In der Folgezeit wurde kräftig Hand angelegt, der Graf unterstützte mit Baumaterial, schließlich sah er in der Mühle auch eine zukünftige Einnahmequelle in Form von Steuern und Abgaben. »Wenn alles fertig ist, soll alles taxiert werden. Schramm will die Mühle bis nächsten Michaelis fertig stellen; mahlpflichtig sind alle Einwohner von Raddusch, Dlugy (Fleißdorf) und Naundorf; Schramm gibt 36 Scheffel Kornpacht, soll einen Jaghund (für den Herrn!) und drei Kühe halten«, so der gräfliche Kontrakt.

Am 16. Oktober 1702 wird die Mühle abgenommen, aber schon bald übergibt Schramm die Mühle an seinen Sohn Martin und geht zurück nach Neu Zauche; Martin wird Erbmühlmeister. Die bis dahin in Pacht stehende Mühle kann er 1714 für 150 Reichstaler vom Grafen abkaufen, muss aber weiterhin für dessen Jaghunde sorgen. Zusätzlich bekommt er die Erlaubnis, »ein Gericht Fische« zu fangen, also so viel, wie seine Familie benötigt.

Ein alter Schleifstein ist der Hingucker an einer Pension der Mühle.

Aber die Zeiten sind schwer, die nordischen Kriege (1700 bis 1721) belasten die Bevölkerung enorm, besonders die Einquartierung schwedischer und sächsischer Truppen in der Niederlausitz. Martin Schramm starb 1721 und die Mühle sollte wegen großer Abgabenrückstände zwangsversteigert werden. Seine Witwe Catharina Schramm konnte dies aber durch zahlreiche Bittgesuche an die Grafschaft letztlich noch verhindern. Hinzu kam der nun glückliche Umstand, dass sich der Sohn Johann George in die reiche Müllerstochter Mögel aus Burg verliebte und die Mühle somit gerettet war. Der Dubkow-Müller erhielt am 21. Januar 1737 das Schankrecht und durfte fortan Branntwein herstellen – die Geburtsstunde der Gaststätte.

Bei der Durchsetzung der Mahlpflicht in den umliegenden Dörfern gab es allerdings zahlreiche Schwierigkeiten, denn die meist des Lesens und Schreibens unkundigen Bauern hatten angeblich keine Kenntnis von dieser Regelung. Die Ausrufer haben daher ab sofort auch zweisprachig (deutsch, wendisch) diese gräfliche Weisung in den Dörfern verkündet, denn angeblich konnte man die ursprüngliche deutsche Anordnung auch nicht verstehen – bäuerliche Schläue eben. Erschwerend wirkte sich auch die 1777 in Raddusch erbaute Buschmühle auf die Umsetzung des Mahlzwangs aus, denn die Radduscher fielen somit als Kunden für die Dubkow-Mühle aus.

Schönes Detail: Ein Schwefelporling schmückt alljährlich einen alten Apfelbaum.

Vor dem Ersten Weltkrieg ging die Mühle wegen Steuerschulden in den Besitz des Provinzialverbandes Brandenburg über, 1919 wurde das letzte Mal Korn gemahlen und es verblieb nur der Gaststättenbetrieb. Die letzte Pächterstochter, Wilhelmine Grassow, verliebte sich in August Konzack (»Onkel August«, wie er in der Gegend später genannt wurde) und mit der Heirat konnte er 1922 die Mühle pachten. Der Pachtzins betrug das 222-fache des Wertes eines Zentners Heu, weil man sich in der Inflationszeit nicht auf einen Geldbetrag einigen wollte – ein Schnäppchen, wie man heute sagen würde, denn auch der Wert von Waren sank in der Folgezeit entsprechend. »Onkel August« sorgte bis zu seinem Tode 1974 für immer wieder neuen Gesprächsstoff in der Umgebung, er wurde dadurch quasi legendär. So soll er seine Gäste angesichts von Ratten in seiner Gaststätte mit der Bemerkung beruhigt haben, dass dies schon die größte war, die anderen Ratten wären kleiner! Den in den 1960er Jahren aktiven Werbern für seinen Beitritt zur Landwirtschaftlichen Produktionsgenossenschaft (LPG) trat August Konzack stets höflich gegenüber – er besaß sieben Hektar Land. Er bewirtete sie reichlich und auf seine Kosten, so dass sie mehrmals mit starken Kopfschmerzen am nächsten Tag aufgewacht sind – aber nie bekamen sie seine Unterschrift, August Konzack blieb einer der wenigen Einzelbauern.

Nach dem Tod seiner Ehefrau Wilhelmine (1964), übernahm deren Schwester Anna die Mithilfe in der Schankwirtschaft. »Tante Anna«, wie sie bald genannt wurde, war ebenfalls sehr gesellig und beliebt. Ein Neffe von August, Erich Konzack, übernahm 1975 die Gaststätte und führte in den Folgejahren mehrere Umbauten durch. Die Gaststätte wurde wegen ihrer zentralen Lage im Spreewald gern besucht, wenn auch die Versorgung in den 1980er Jahren wohl öfter mal problematisch war.

Nach der Wende besuchten auch zahlreiche Prominente aus Ost und West die Gaststätte, einer der ersten war Rudi Carrell, der ins Gästebuch schrieb: »Hier lass' ich mich überraschen!« Helga Hahnemann und Maxi Biewer von RTL waren ebenso zu Besuch wie Lothar de Maizière, Reinhard Bütikofer und immer mal wieder auch Politiker aus der Brandenburger Landesregierung.

Ilona Konzack übernahm 2005 die Gaststätte von ihrem Vater, die erste Frau in der nun schon über 300 Jahre alten Geschichte der Besitzer der Dubkow-Mühle. Damit zog auch das Internetzeitalter ein, täglich rufen 50 bis 80 Besucher die Webpräsenz auf und viele tätigen ihre Buchung gleich Online.

Die Wirtin Ilona Konzack erzählt gern den Gästen die Geschichte vom Ochsenfrosch.

Hagebutten-Likör

Von Ingrid Maske aus Forst

250 g Hagebutten	säubern, waschen und mit
1 l Rum	begießen, 2 Wochen an einen warmen Ort stellen.

Nach zwei Wochen

¼ l Wasser	mit
200 g Zucker	aufkochen und abkühlen lassen. Den Rum von den Hagebutten abgießen und mit dem Zuckerwasser mischen. In Flaschen füllen und gut verschließen, kühl stellen, nach etwa 4 Wochen ein absoluter Genuss – Prost.

Kiefernzapfen-Likör

100 g weiche, grüne Kiefernzapfen	in Scheiben schneiden und in eine große Flasche füllen.
120 g Rohrzucker	darüber streuen und den Ansatz einen Tag stehen lassen.
1 l Wodka	dazugeben und die Flasche verschließen. Nun 3 bis 4 Wochen an einem sonnigen Platz ziehen lassen und dabei gelegentlich durchschütteln. Anschließend filtrieren.

Zur Stärkung von Herz und Kreislauf.

In Lübbenau

Zwiebelsirup gegen Erkältungskrankheiten

Von Ingrid Maske aus Forst

1 kg Zwiebeln	schälen, vierteln, in
2 l Wasser	mit
750 g Zucker	zum Kochen bringen und 2 Stunden köcheln lassen.
250 g Honig	dazugeben und 1 Stunde weiter köcheln lassen. Anschließend filtern und erkaltet in verschließbare Flaschen füllen.

Ananasgetränk

1 reife Ananas (2 kg)	schälen und den harten Strunk in der Mitte entfernen. Die weichen Ananasscheiben entsaften.
1 l Wasser	zum Kochen bringen.
15 Gewürznelken	und
1 TL Zimt	dazugeben, 5 Minuten kochen lassen, danach filtern. Den Ananassaft und den Gewürzsud mischen, nun den Saft
1 Zitrone	dazugeben. Mit
2 EL Zucker	abschmecken, den Saft abkühlen lassen und nach Wunsch mit Eiswürfeln servieren.

An der »Mutnitza« bei Lübbenau

Walnuss-Likör

Von Siegfried Fabeck aus Cottbus

40 grüne Walnüsse	vierteln, in eine weithalsige Flasche füllen und mit
1½ l Weingeist	übergießen. Für 2 Wochen an einen warmen Ort stellen, dabei die Flasche gelegentlich schütteln.
Nach zwei Wochen	Die Nüsse herausnehmen, den Alkohol mit
1 Zimtstange	
5 Gewürznelken	
1 Msp. Muskat	und der Schale
1 Orange	versetzen, nochmals 1 Woche stehen lassen.
Nach einer Woche	den Alkohol durchseihen.
½ l Wasser	mit
400 g Zucker	5 Minuten kochen und abkühlen lassen. Den Alkohol mit der Zuckerlösung mischen. Nach 2 Tagen nochmals durchseihen, dann in Flaschen füllen und gut verschließen

Wermut-Tee

Wermut enthält unter anderem Bitterstoffe und ätherische Öle – daher wirkt Wermut appetitanregend, verdauungsfördernd, galletreibend und krampflösend. Die Spreewälder Kräutermanufaktur empfiehlt mehrmals täglich eine Tasse Tee vor den Mahlzeiten. Sollte Ihnen der Tee zu bitter sein, können Sie in gleichen Anteilen Pfefferminze und Tausendgüldenkraut dazugeben.

150 ml Wasser	zum Kochen bringen.
1 TL Wermutkraut	in eine vorgewärmte Kanne geben und das kochende Wasser darüber gießen, nach 10 Minuten durch ein Sieb gießen.

Atelier Brüggemann-Riemer in Lübbenau

Begriffserläuterungen

Abbacken/Ausbacken	Etwas in heißem Fett schwimmend backen.
Ablöschen	Das Angießen von scharf angebratenem oder geschmortem Fleisch oder Gemüse.
Abschmecken	Eine Speise mit den Grundgewürzen Salz, Pfeffer, Zucker usw. nach eigenem Geschmack würzen.
Andünsten/Anschwitzen	Ein Lebensmittel in heißem Fett leicht rösten, ohne es zu braten. Das Lebensmittel soll nur glasig werden, z. B. Zwiebeln.
Ausbraten/Auslassen	Den Speck so lange braten, bis das Fett herausgebraten ist.
Blanchieren	Zutaten in einem Topf mit kochendem Wasser geben und kurz köcheln lassen.
Garen/Köcheln	Eine Speise sollte nicht stark kochen. Die Hitzezufuhr muss so gedrosselt werden, dass nur ein leichtes Aufsteigen von Kochblasen zu sehen ist.
Gratinieren	Das Überbacken von Speisen.
Legieren	Ist das Binden und Verfeinern von Gerichten mit Eigelb. Das Ei oder Eigelb wird mit warmer Flüssigkeit vermischt und unter ständigem Rühren in die nicht mehr kochende Speise gegeben.
Karkasse	Aus dem Französischen: Carcasse für Gerippe. Karkasse nennt man das nach dem Tranchieren meist kleinerer Tiere zurückbleibende Knochengerüst samt eventuell anhaftender Fleischreste.
Marinieren	Ist das Einlegen von Lebensmitteln in eine gewürzte Flüssigkeit, um der Speise einen besonderen Geschmack und bessere Haltbarkeit zu verleihen.
Mehlschwitze	Traditionelles Bindemittel von Suppen und Saucen (Fett zerlassen und Mehl einrühren).
Parieren	Fleisch von Fett und Sehnen befreien.
Passieren	Flüssigkeiten durch ein Sieb oder Tuch geben.
Pürieren	Ein gares Lebensmittel wird stark zerkleinert. Früher war hierfür in vielen Haushalten die »Flotte Lotte« ein beliebtes Haushaltsgerät, z. B. um Apfelmus herzustellen.
Reduzieren	Flüssigkeit fast vollständig verkochen lassen (einkochen).
Stocken lassen	Das Garen von Eiern oder Eimasse, bei mäßiger Hitze im Topf oder Wasserbad, ohne dabei das Gargut umzurühren.
Wasserbad	Ist eine Methode, um Speisen indirekt mit Hitze zu versorgen. Dabei wird der Topf mit den Speisen in einen anderen Topf mit heißem Wasser auf den Herd gestellt.
Zerlassen	Butter oder Margarine in einer Pfanne oder einem Topf bei mäßiger Hitze schmelzen, aber nicht braun werden lassen.

Maße und Gewichte

1 gestr. EL Fett	15 g
1 gestr. EL Mehl	10 g
1 geh. EL Mehl	15 g
1 kleine Zwiebel	30 g
1 mittlere Zwiebel	50 g
1 große Zwiebel	70 g
1 kleine Kartoffel	70 g
1 mittlere Kartoffel	120 g
1 große Kartoffel	180 g
½ kg	500 g
1 kg	1000 g

1 Liter	1000 ml / 1000 ccm
¾ Liter	750 ml / 750 ccm
½ Liter	500 ml / 500 ccm
⅜ Liter	375 ml / 375 ccm
¼ Liter	250 ml / 250 ccm
⅛ Liter	125 ml / 125 ccm
1 TL	5 ml
1 EL	15 ml
1 Schnapsglas	20 ml / 2 cl
1 Tasse	150 ml

Abkürzungen

Msp.	Messerspitze
EL	Esslöffel
geh. EL	gehäufter Esslöffel
gestr. EL	gestrichener Esslöffel
TL	Teelöffel
geh. TL	gehäufter Teelöffel
gestr. TL	gestrichener Teelöffel
g	Gramm
kg	Kilogramm
ml	Milliliter
cl	Zentiliter
l	Liter
ccm	Kubikzentimeter
Pck.	Päckchen
°C	Grad Celsius

Zu Gast bei Spreewaldkoch Peter Franke

Kochen nach dem Motto: „Das Geniale liegt im Einfachen"

Unser Landgasthof ist ein gepflegtes, familiengeführtes Hotel mit einer über 400 –jährigen Tradition. Spreewälder Spezialitäten stehen im Mittelpunkt der bodenständig geprägten grünen Küche von Peter Franke. Vorwiegend verarbeitetet er Produkte aus dem eigenem Garten, von Kleinerzeugern und Genossenschaften.

Neu im Jahr 2009, die
Spreewälder Kräutermanufaktur,
hier können Sie gemeinsam mit dem Spreewaldkoch aus Kräutern des Spreewaldes Gellees, Tees, Seifen uvm. herstellen. Suchen, Ernten, Verarbeiten und Genießen sowie viel Wissenswertes, das ist hier Programm.

Für Aktivurlauber ist unser auf über 400 km ausgebautes Radwegenetz sehr zu empfehlen.

Spreewälder LANDGASTHOF & HOTEL „ZUM STERN" WERBEN

Adresse: Burger Straße 1 · 03096 Werben
Telefon: 03 56 03 / 66-0 · Telefax: 03 56 03 / 66-199

E-Mail: hotel-stern-werben@spreewald.de

Internet: www.hotel-stern-werben.de

Spezialitäten: Spreewaldpfanne „7 auf eine Streich", Riesenkohlroulade, ½ Meter Rippchen, Buttermilchplinse, hausgemachte Fruchtaufstriche, Kalter Hund von origina Cottbuser Keksen

Sehenswürdigkeiten:
Spreewald-Kahnfahrten, 2 Bowlingbahnen im Ort, Spr wälder Kochakademie, Gemüsekirche Werben, Landtec sches Museum Werben

Kooperationspartner:
Kunella Feinkost Cottbus, Agrargenosschaft Göritz, Land scherei Turnow

Rezeptregister, alphabetisch

A

B

C

D

E

F

G

H

Rezeptregister, nach Kapiteln

Suppen und Eintöpfe

Gemüsegerichte

Kürbisvielfalt

Gurkenvielfalt

Kartoffelgerichte

Fleischgerichte

Fischgerichte

Soßen – Dips – Öle

Blütenzauber – Konfitüren – Gelees

Kleine Besonderheiten

Backwerk und Desserts

Getränke und Aperitifs